日本比較法研究所翻訳叢書
65

ゼンガー教授講演集 II

ドイツ・ヨーロッパ・国際経済法論集

インゴ・ゼンガー 著
山内惟介／鈴木博人 編訳

Beiträge zum internationalen, europäischen und deutschen Wirtschaftsrecht

Von
Ingo Saenger

中央大学出版部

装幀　道吉　剛

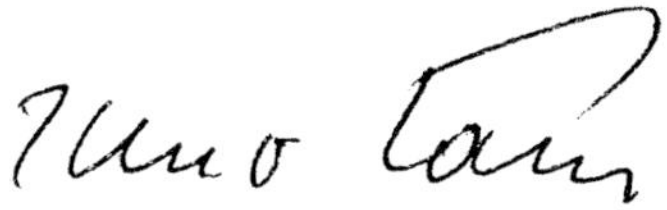

原著者まえがき

東京・中央大学とミュンスター・Westfälische Wilhelm 大学との法学分野でのパートナー関係は、二五年以上の長きにわたって営まれている。これほど緊密な関係は他に類例のないものである。日本とドイツから、両大学の多くの同僚が交互に、常に少なくとも一カ月間、それぞれ相手方の大学で研究ならびに教授を行ってきている。このパートナー関係が活発な意見交換と結びついていることを、数多くの刊行物が証明している。とりわけ強調されなければならないのは、Bernhard Großfeld、山内惟介、Dirk Ehlers および石川敏行の四氏により編集された両大学の交流二〇周年を記念した出版物、すなわち、ドイツ語版記念論文集『Probleme des deutschen, europäischen und japanischen Rechts』(Münsterische Beiträge zur Rechtswissenschaft (MBR) Bd. 162) と日本語版記念論文集『共演　ドイツ法と日本法』(日本比較法研究所研究叢書(73)) である。それと同時に、現在両大学の教授諸氏ならびに学生がその恩恵を受ける歴史の礎を築き、成功裏に導いた重要な人物として、この一連の成功の歴史のなかで、あまりに早く亡くなられた Helmut Kollhosser 氏の名も忘れられてはならない。もっともこのパートナー関係は、山内惟介教授のたゆまぬ尽力と、彼を常に支えている春恵夫人の存在なしにはまったく考えることができない。右の理由をも考慮したうえで、ミュンスター大学は、山内惟介教授に二〇一二年に名誉法学博士号を授与した。山内教授は、最も著名な比較法学者の一人であり、かついわばドイツ法と日本法の間の架橋の設計者の一人である。

二〇一〇年九月から一〇月にかけてミュンスター側の客員研究員として中央大学に二度目の滞在を許されたことはわたくしにとってうれしくかつ名誉なことであった。中央大学での滞在には、自分自身の研究領域にも、ドイツ法領域での現今の議論にも一瞥を与えるという課題が課されていた。この課題をはたすのにあたかも引き絞られた弓のような張りつめた状況が広範囲にわたって見出されるのは、ドイツおよびヨーロッパでの法発展に起因するものである。すなわち本書に収められている諸論考のテーマは、国際売買法から、会社法ならびに企業法を経て、財団法にまでわたっている。これらのテーマはすべてヨーロッパに関するものであり、これは、ますます進行している法統一に舵を向けているEUでの法発展の推進力に負っている。法曹教育もこの事実に目をつぶるわけにはいかないのであり、それゆえ法曹教育は、この国際的レベルでも繰り返し議論の対象になっているのである。

卓越したアレンジと客員の受入れ、中央大学で用意されていたすばらしい研究環境にたいして、山内惟介教授と鈴木博人教授に心からの感謝の意を表したい。日本語への諸論考の綿密な翻訳に対しても同様に感謝したい。中央大学法学部の諸氏にもまた、きわめて友好的にその仲間に招じ入れてくれたことに対して、心からお礼を申し上げなくてはならない。本書に収められた諸論文が、日本の読者にとって、興味深い書物となり、かつとりわけドイツ法とヨーロッパ法の新たな知見となることを希望する―そして、両大学のパートナー関係の末長く続く未来を希望して！

ミュンスターにて　　二〇一二年一二月

インゴ・ゼンガー
（鈴木博人訳）

編訳者まえがき

本書は、ドイツ連邦共和国ヴェストフェーリッシェ・ヴィルヘルム大学（ミュンスター大学）法学部教授、インゴ・ゼンガー教授による二冊目の講演集である。ゼンガー教授は、中央大学とミュンスター大学との交流協定に基づき、二〇一〇年九月二〇日から一〇月一一日まで中央大学の客員教授として来日され、中央大学法学部および日本比較法研究所において学生ならびに教員向けに三回の講演を行われた。本書は、そのときの講演の原稿の邦訳である。ゼンガー教授が右の協定に基づき、中央大学の客員教授をつとめられたのは、二〇〇六年九月一六日から一〇月一五日までの一度目の訪問に続いて二度目である。一度目の訪問時の成果はすでに、日本比較法研究所翻訳叢書(54)、インゴ・ゼンガー、古積健三郎・山内惟介編訳『ドイツ・ヨーロッパ民事法の今日的諸問題：ゼンガー教授講演集』（二〇〇七年）として公刊されている。

本書に収録されている、第一講演「ヨーロッパ団体法——居住移転の自由の限界とヨーロッパ法における団体形式の発展——」は、二〇一〇年九月二二日（水）の二時限、中央大学法学部国際企業関係法学科三・四年次開講「国際取引法」（山内惟介教授担当）の時間帯に、第二講演「国際売買法（国連国際動産売買条約）の現代的発展」は、同年九月二四日（金）の二時限の時間帯に日本比較法研究所で、第三講演「生者に対する死者の支配——ドイツ財団法の発展——」は、同年一〇月四日（月）の二時限、中央大学法学部法律学科二年次開講「民法６（親族・相続）」（鈴木担当）の時間帯に行われた。本書の構成はこれら講演が行われた順番にしたがっている。

ゼンガー教授の略歴については、すでに前著で中央大学法科大学院の古積健三郎教授が記しているが、読者の便宜を考えてここでも紹介しておくことにする。ゼンガー教授は一九六一年六月にデュッセルドルフに隣接するヒルデンに生まれ、一九八一年から一九八六年までマールブルク大学で法律学と歴史学を学んだ。一九八七年から一九九〇年までマールブルク大学のレーザー教授のもとで wissenschaftlicher Mitarbeiter をつとめ、一九九〇年にマールブルク大学で博士号を取得した。一九九〇年から一九九二年までフランクフルト上級地方裁判所管区で司法修習を行い、一九九三年から一九九六年までイェーナ大学のヴェルナー教授のもとで wissenschaftlicher Asistent をつとめ、一九九六年に民法、民事訴訟法、商法および経済法の教授資格を取得したのち、一九九七年にミュンスター大学に正教授として招聘された。ゼンガー教授はとくに会社法、民事訴訟法、（国際）物品売買法、消費者法を専攻分野としている。また、一九九九年から二〇〇六年までハム上級地方裁判所の判事の職も兼務された。

二〇〇六年九月から一〇月にかけてのゼンガー教授の一回目の中央大学訪問後、二〇〇七年三月に三週間、私もミュンスター大学に客員教授として招かれ、日本の家族法、児童福祉法に関するつたない講演を行った。その際、受入れ担当教授として私を支援してくれたのが、行政法の大家エーラース教授とゼンガー教授だった。それまで、単発のインタビューのためにドイツの大学教授のもとを訪れたことはあったが、このときはじめて固定した机を与えられ、短期間とはいえ在外研究の真似事を体験することができた。インターネットが発達し、文献情報や文献の取寄せがかつてとは比べものにならないほど豊富かつ迅速になった時代であるが、自らが比較法研究の対象とする国に出かけていくことの意義はなお大きい。当該国や地域で生活する人々が当然のこととして意識さえしていないことこそが、外国法研究においては決定的に重要な役割をはたしていることがまれではない。ゼンガー教授は、私の短い滞在中も、ここへ行くのがいい、あそこに行くのがお勧めだとしきりにドイツあるいはミュンスターの理解に資する場所をあげてくれた。また、イースター休暇中に奥様とともにアウスフルークにお誘いいただき、「きょうは、キリスト教徒は肉を食べない日だが、あなたは日本人なのだから、肉を食べても問題ない」というような会話をかわしたことが思い出される。

本書は、本来ならばもっと早く刊行されるべきであった。しかし、常に仕事の遅い私のために、山内惟介教授には多大なるご迷惑をおかけし、ゼンガー教授の気をもませる結果になってしまった。忍耐強く見守ってくださった山内教授とゼンガー教授には心からお詫びとお礼を申し上げたい。また、日本比較法研究所の関口夏絵氏、中央大学出版部の小川砂織氏には根気強く終始叱咤激励していただいたことに心より感謝したい。

二〇一二年一一月二日に本書の共編訳者の山内惟介教授は、比較法学界における傑出した業績と貢献に加え、中央大学とミュンスター大学との法学分野の交流の基礎を構築し、さらにその交流を発展させてきた功績を高く評価され、ミュンスター大学から名誉法学博士号を授与された。これは、われわれが山内教授の中央大学での同僚であることを名誉に感じる偉業である。本書の出版が遅れてしまったとはいえ、山内惟介教授の偉業に合わせる形で出版することができたことを心から喜ぶものである。

二〇一二年　一二月二四日

編訳者を代表して

鈴木博人

ドイツ・ヨーロッパ・国際経済法論集——目　次

ゼンガー教授講演集 Ⅱ

ヨーロッパ団体法

——居住移転の自由の限界とヨーロッパ法における団体形式の発展——

山内惟介訳

目　次

I　国際的提携

今日、企業が国際的規模で業務を提携する意義[1]はますます大きくなっている。国家による規制が緩和されるだけでなく、「新興市場」が開設され、さらに、生産および販売の分野で売上を大きく伸ばすことができるようになったところから、企業が経営戦略を見直す必要性も一層強まってきた。多くの団体は、これまで通り単独で行動する道をとり続けるか、それとも、内外のパートナーと提携して国際的規模で活動するのか、どのようなやり方を選ぶべきかの選択を迫られている。法的枠組みを企業の経営形態に合ったものとするため、国家法である団体法の中に自国内での利益調整だけでなく、国際的視野を取り入れるようにという要請がこれまで以上に強く立法者に向けられるようになってきた。ヨーロッパ団体法も国際団体法も、特にこのような社会の変化を視野に入れて、大きく変わってきている。国際団体法の規律対象は、団体法と関わる国際的事実に対してどの国の法が適用されるべきかをめぐる諸問題である（後述II）。ヨーロッパ団体法は、域内共同市場の完成という目標に沿って構想されたものであったが、今日では、ヨーロッパ域内の貿易障壁を除去することを通じて、加盟諸国の団体法相互の間にみられる相違を解消するようにという要請に応えることが一層求められている（後述III）。ヨーロッパ諸国の団体法を相互に調整しようとする試みはかなり以前から行われてきた。今日では自然人も法人も皆、加盟諸国のすべての団体形式を利用することができるようになっている（後述IV）。それにとどまらず、共同体の立法者は、規則（Verordnungen）の制定という方法を用いて、ヨーロッパ法上、いくつもの新しい団体形式を作り出してきた。その結果、これらの団体形式を利用して複数の国に存在する企業をまとめ、一つの企業グループを組成することが、これまでよりもずっと容易になっている（後述Ⅴ）。

（1） この点について概観したものとして、たとえば、*Schwarz*, Europäisches Gesellschaftsrecht, 2000, und *Spahlinger/Wegen*, Internationales Gesellschaftsrecht in der Praxis, 2005がある。

Ⅱ　国際団体法

渉外事件（国際的な関連性がある事案）の場合、そこに登場する団体に適用される法秩序は何か、そして、外国の団体が国内で承認されるべきか否かといった点がいつも問題となる。

1　団体準拠法

団体をめぐるさまざまな問題をどの国の法秩序によって規律すべきであるかという点を決める基準は、団体準拠法といわれる。団体準拠法は、一般的にいえば、団体の法的地位およびその内部構造を規律する法である。団体の内部関係および外部関係に関わる問題は、どれも団体法的性質を有するものと判断され、原則として単一の法秩序に服する（単一説）。このような立場では、限界画定問題や調整問題というかたちで現れる数々の難点——限界画定問題や調整問題と捉える立場は、これらの問題を部分問題として特別連結するという考えと結び付いている——を回避することができると考えられている。(2) すなわち、このようにただ一つの団体準拠法（「団体の属人法」とも呼ばれる）によって、設立および存続、権利能力、組織構成と終了――簡単にいえば、団体の「成立、存続、消滅」[3]――、これらが規律されることとなる。牴触法の分野で団体の準拠法を決める場合、内外国にみられるどのような団体形式も――法人（特に資本会社）も人的会社（その権利能力の問題は別である）も――同じように取り扱われなければならない。

団体準拠法を決定する上で正しい連結点は何かという問題は古くから争われている。[4] 論争の当事者は、一方では、設立準拠法説（Gründungstheorie）ないし法人格付与国法説（Inkorporationstheorie）であり、他方では、本拠地法説（Sitztheorie）である。ドイツの判例が伝統的に従ってきた本拠地法説によれば、事実上の（実効性のある）管理機関の本拠（tatsächlicher (effektiver) Verwaltungssitz）――これと対立するのが定款上の法人住所（satzungsmäßiger Sitz）である――に連結されている。この説によれば、団体は、それが事実上の管理機関の本拠を有する国の法に服する。事実上の管理機関の本拠を定義すると、業務執行機関（Geschäftsführung）の活動地、そして業務執行のために選任された代表機関（Vertretungsorgane）の活動地、それゆえ、当該事業指揮機関（Unternehmensleitung）の基本的な判断が業務執行機関の日常的行為へと置き換えられる地であると説明することができる。[5] 事実上の管理機関の本拠がどこにあるかは、判例上頻繁にみられるところから推測すると、比較的決定しやすいと考えられるさまざまな状況証拠、たとえば、業務執行者が内外国のいずれに恒常的に滞在しているかといった事情に基づいて決められている。連結点が事実上の管理機関の本拠とされる場合、本拠を外国へ移転すると、団体準拠法も変更されることとなり、それに伴って、原則的に団体は解散され、新規に設立されなければならないこととなる。[6]

本拠地法説の対極にあるのが設立準拠法説である。この説によると、団体の外部関係および内部関係に関する諸問題の準拠法として設立国法が指定される――たとえ団体がその設立国との間に（もはや）何の関係も持っていないとしても、設立国法を準拠法とすることに変わりはない。(7) 設立準拠法説を採用しているのはとりわけ英米法系諸国であり、そして、スイス、スペイン、デンマークおよびオランダの法秩序である。(8) 本拠地法説と比べて設立準拠法説が有する長所は、通例、簡単に設立準拠法を確定できるという点にあり、設立後にどのような変更が行われてもそれらは考慮されないという点にある。また設立準拠法説の短所は、時として、準拠法と団体との間になんら事実上の関係がみられない点、そして、団体準拠法を選択する自由が濫用される可能性があるという点にある。これら両説を架橋する見解、たとえば、重層化説（Üiberlagerungstheorie）(9) や結合説（Kombinationslehre）はドイツでは浸透することができなかった。(10) というのは、たいていの場合、これらの説を採用すると、さまざまな規範複合体が混ざり合うこととなり、それらをいかに調整することができるのかという別の問題が発生してしまうからである。

2　団体の承認

設立準拠法説と本拠地法説とのいずれを採るべきかという問題が実務上具体的なかたちで現れるのは、事実上の管理機関の本拠が、当該団体が設立された国に（もはや）存在していない場合である。ドイツの裁判実務で最も重要な類型に属する事例では、外国で設立された団体で、事実上の本拠を当初からドイツに有しているかまたは設立後にドイツ国内へ移転したもの（いわゆる「疑似外国会社（Scheinauslandsgesellschaften）」）の承認の可否という論点が挙げられている。この場合、外国団体を承認するか否かという問題は、団体がその法的地位を導き出す法秩序上の権利能力ならびに権利および義務を認めてよいかどうかという問題でもある。

二〇〇二年まで[11]、ドイツの連邦通常裁判所は、本拠地法説に基づいて、疑似外国会社に対する承認をすべて拒否していた。その結果、権利能力を欠くために、疑似外国会社が参加する法的取引はすべて無効とされ、ドイツの裁判所に訴えることさえできなかった――それでも、民事訴訟法第五〇条第二項が準用されることにより、おそらくドイツ裁判所への訴えを認めることもできたように思われる。今日では、もはや常例となっているが、疑似外国会社は、それが追求している目的に応じて区別され、合名会社または民法上の組合とみなされ、権利能力および当事者能力も認められ、また社員の人的無限責任も認められている。本拠地法説は、最近では、ヨーロッパ連合（EU）域内で生じた事実に限ってであるが、居住移転の自由（Niederlassungsfreiheit）（EU機能条約第四九条、第五四条、旧ヨーロッパ条約第四三条、第四八条）に関するヨーロッパ裁判所の一連の裁判により、重要な制限を受けるようになっている。その結果、EU域内で設立されかつドイツ国内に居住する外国の団体は、その設立準拠法が尊重され、ドイツで承認されなければならないこととなっている[12]。しかし、それ以外の第三国に対する関係でみると、ドイツの判例は今なお本拠地法説に固執している[13]。ただ、二国間または多数国間の条約にはしばしば「団体の相互承認（gegenseitige Anerkennung）」に関する特別規定が含まれている点に留意する必要がある[14]。もちろん、団体を承認するか否かという実質法上の問題と準拠実質法の決定という牴触法上の問題とは厳密に区別されなければならない。団体の承認という問題と団体準拠法とが関連するのは、団体の法的地位とその内部構造に関してのみである。団体の承認はこれらが承認されることを意味するにすぎない。準拠実質法は、このこととは切り離して、牴触規則に基づいて決定されなければならない。

3　展　望

留意しなければならないのは、近年、国際企業法（Internationales Unternehmensrecht）が著しく発展している点である。たとえば、企業の共同決定、合併や組織変更など、個別分野で定められた特則ともいえる諸規定が、時として、一般の団体法的連結に上乗せされるかたちで追加して適用されている。このほか、現に形成されつつある国際資本市場法における動きが諸国の団体法に対して影響を及ぼしてきている。緊急性が高いのは、特に国際的に承認されている、企業運営上のさまざまな基準であり、また団体内部の諸機関の責任およびそれらの管理に関する複数の基準（いわゆるコーポレート・ガバナンスに関連するもの）である。ドイツ国内の立法者も、国境を越えた経済活動の結果として既存の秩序に向けられたさまざまの新しい挑戦に対して取り組んでいる。その一例として、ドイツでは、団体形態転換法変更のための第二次法（das Zweite Gesetz zur Änderung des Umwandlungsgesetz）が可決された[15]。この法律の適用を受けることで、ドイツの資本会社が国際的に合併することが容易になり、ドイツ資本をも取り込んだかたちでの国際合併が可能となっている。外国法上認められた形式とドイツ法上のそれとの競合という状況を考えれば、このほか、有限責任会社法の現代化および法形式の濫用阻止のための法律（das Gesetz zur Modernisierung des GmbH-Rechts und zur Bekämpfung von Missbräuchen (MoMiG)）もここに取り上げることができよう[16]。この法律は、特に、有限責任会社をドイツで設立することを容易にしかつ促進することを意図したものである。同法上の団体形式との関連でみると、株式会社の定款および有限責任会社の組合契約の中に管理機関の本拠をドイツ国内に置かなければならないという法律要件に関する諸規定（この要件は従前の株式法第五条の二つの項および有限責任会社法第四a条に置かれていた）が削除されている――このことにより、団体は、管理機関の本拠を定款上の法人住所と必ずしも一致させておく必要がなくなり、どこに置くかについて自由に選ぶことが許されるようになった。その結果、――この他の点では本拠地法説に固執しているにも拘わらず――、団体は、解散しなくても外国へ移転することが許され、それとともに、ヨーロッパ連合（EU）やヨーロッパ経済区域（Europäischer Wirtschaftsraum ― EWR、ヨーロッパ自由貿易連合（EFTA）加盟国とヨーロッパ連合加盟国とが締結して創設した経済空間）の範囲を超えて、管理機関の本拠を国際的規模で移転することができるようになっている。あるべき法（de lege ferenda、今後の立法の動き）という点からみると、概して、第三国に対する関係でも、本拠地法説から設立準拠法説への移行が考慮されている。[17]二〇〇八年一月に提出された、会社、社団および法人の国際私法的規律に関する報告者草案（Referentenentwurf eines Gesetzes zum Internationalen Privatrecht der Gesellschaften, Vereine und juristischen Person）の規定では、会社等の団体はいずれも公簿登録国法にのみ服すること[18]となっている。

（2）参照されるのは、わずかに *MüKoBGB/Kindler*, 4. Aufl. 2006, IntGesR Rn. 520 f. のみである。
（3）BGHZ 25, 134, 144.
（4）この論争について詳しく述べているのは、Staudinger/*Großfeld*, IntGesR (1998) Rn. 26 ff.; MüKoBGB/*Kindler*, IntGesR Rn. 331 ff.; *Schwarz*, Rn. 159 ff. である。
（5）BGHZ 97, 269, 272.
（6）Staudinger/*Großfeld*, IntGesR Rn. 610; *Schwarz*, Rn. 170.
（7）*Schwarz*, Rn. 161.
（8）各国における概要について参照されるのは、*Spahlinger/Wegen*, Rn. 1462-1465 である。
（9）これについては、eindrucksvoll *Sandrock*, BB 1999, 1337.
（10）これについては、MüKoBGB/*Kindler*, IntGesR Rn. 331 ff.; Staudinger/*Großfeld*, IntGesR Rn. 34 ff.
（11）BGHZ 151, 204, 206 f.

(12) ここに述べたことは、ヨーロッパ経済区域(EWiR)加盟諸国で設立された団体についてもあてはまる。

(13) BGHZ 178, 192 = NJW 2009, 289 (“*Trabrennbahn*”)——本件はスイスの株式会社についての事案であるが、この株式会社の法的性質は、その管理機関の本拠をドイツに移転した後、民法上の団体(GbR)とみなされていた。

(14) MüKoBGB/*Kindler*, IntGesR Rn. 306 ff.

(15) BGBl. I 2007, S. 542 ff.

(16) 有限責任会社法の現代化および法形式濫用阻止のための法律(MoMiG)による種々の変更について詳しく述べているのは、*Hirte*, NZG 2008, 761; zu den Bezügen zum internationalen Gesellschaftsrecht *Kindler*, AG 2007, 721 である。

(17) *Behrens*, IPrax 2003, 193, 205 f.; *Eidenmüller*, JZ 2003, 526, 528; *Spindler/Berner*, RIW 2003, 949, 956.

(18) これについては、*Franz*, BB 2009, 1250.

Ⅲ ヨーロッパ団体法——居住移転の自由を求める権利

(EU機能条約第四九条、第五四条、旧ヨーロッパ条約第四三条、第四八条)

ヨーロッパ的規模で統一された団体法はまだ現実のものとなっていない。それでも、団体法上の多様な主題を規律している多くの規定が存在する。これらの規定はどれも、本質的に、ヨーロッパ域内統一市場の創設に向けられている。[19] ヨーロッパ連合に居住する企業にとっては、加盟諸国の規律がどのようなものであるかという点に関わりなく自由に本拠を置く地を選べること、そして、大枠でみるとまったく同じ条件のもとで活動を展開できること、これらが許されるべきであろう。[20] ヨーロッパ団体法は、このようにして、何よりもまず居住移転の自由に関するEU機能条約(Vertrag über die Arbeitsweise der Europäischen Union; traité sur le fonctionnement de l'Union européenne)第四九条以下(旧ヨーロッパ条約第四三条以下)の諸規定とこれに対応する第二次法というかたちを採っている。これと区別されなければならないのが資本市場法である。資本市場法が実現しようとしているのは、資本取引の自由および役務提供の自由（ヨーロッパ機能条約第六三条以下および第五六条以下、旧ヨーロッパ条約第五六条以下および第四九条以下）を確保することである。それでも、基本的自由を第二次法によって形成しようとする場合、幾重にも交錯が生じている。この場合、EU機能条約第四九条第二項には、同章に定められた資本取引に関する諸規定が優先的に適用されるよう、留保が定められている――その結果、居住という事実を作り出す上で必要な要素、すなわち、投資、融資およびその他の資本移転が行われていたか否かという点は、もっぱらEU機能条約第六三条ないし第六六条、第七五条に従って判断されなければならないこととされた。居住移転と役務提供という一対の概念――この対概念については、特に活動の持続性、範囲および重心によって、その所在地がどこかの区別が行われる―と異なり、居住移転と資本取引とは互いに排除し合う関係にはない。このように、居住移転の自由と資本取引の自由とは、法的には二つの局面に分けることができるが、企業の側からみると、多くの場合、事象としては一つのものでしかない。

「居住」概念を成立させる法律要件は、「いずれか他の加盟国に恒久的施設を設けることにより、不特定の期間に亘って経済的活動を事実上行っているとき」[21]と表現されている。それゆえ、機能からみると企業としての活動とはまったく関わりがなく、たんに資本会社の参加分を取得するだけの行為は、原則として「居住」には当たらず、文字通り直接投資として性質付けられなければならない。これに対して、他の加盟国で企業活動として持ち分を取得し、その持ち分を行使することにより団体の意思決定に影響を及ぼす行為は、同時に、EU機能条約第四九条以下の意味での「居住」に該当することとなる。[22]資本取引の自由と居住移転の自由とが互いにどのような関係に立っているかという点について取り上げた先例は、ヨーロッパ裁判所の「黄金株」に関する裁判であった。この裁判では、国家的措置の意味と目的に照らしてみたときにそれと直接に関わる基本的自由しか問題とされていない。すなわち、当該事案における事実関係と二つの基本的自由（居住移転の自由および資本取引の自由）とが直接に関連するときのみ、居住移転の自由と資本取引の自由が累積的に問題とされることとなる。[23]

ＥＵ機能条約第四九条以下は、ヨーロッパ共同体（およびＥＦＴＡ諸国）の領域すべてにおいて自由な居住を求めることのできる権利を規定する。[24] ＥＵ機能条約第五四条第二項によれば、「団体（Gesellschaft）」という概念には、法的存在形式如何に関わりなく、自然人を除き、経済活動を行うすべての主体が含まれている。保護される範囲は、法人格を有するものに限定されておらず、あらゆる人的団体が、さらに権利能力なき組織的単位も含まれる。[25] ヨーロッパ機能条約第四九条および第五四条によれば、定款上の法人住所（satzungsmäßiger Sitz）、主たる管理機関（Hauptverwaltung）または主たる営業所（Hauptniederlassung）を共同体内に有する団体は、どの各加盟国においても、独立のかつ継続的な事業活動を開始しかつ行うことができる。ＥＵ機能条約第四九条第一項第一文、第五四条によれば、これらの規定には、いうまでもなく、他の加盟国領域内に主たる営業所を新たに設ける権利や他の加盟国領域内に主たる営業所を移転する権利が含まれる（第一次的居住移転の自由）。また、ＥＵ機能条約第四九条第一項第二文、第五四条によれば、団体は、法的に独立した子会社（selbständige Tochtergesellschaften）、自己に従属する代理店（unselbständige Agenturen）または従たる営業所（Zweigniederlassung）を他のどこか一つの加盟国または複数の加盟国の領域内に設けることにより、自己の企業活動を拡大する権利を有する（第二次居住移転の自由）。

ここでは、ＥＵ機能条約第四九条は、目に見える差別や隠された差別を単純に禁止する規定として登場するだけでなく、さらに広い範囲に亘って適用されている――この規定には、形式の如何を問わず、あらゆる形態の制限を禁止することが含まれている[26]。ヨーロッパ裁判所の確定の判例によれば、次の要件、すなわち、第一に、当該制限措置が無差別に適用されていること、第二に、絶対的根拠を成す公益に基づいて当該制限措置が要請されていること、第三に、当該制限措置が、その措置により追求されている目的の達成上、適切であること、そして第四に、当該制限措置が必要な限度を超えていないこと、これら四つの要件が満たされる場合、加盟国法上、居住移転の自由に対して制限措置を採ることが認められている[27]。「ケック（Keck）事件」判決[28]によれば、この原則を制限することができるのは、当該国家措置が国内での事業実施に関連しかつ経済活動参加者全員に対し国内で等しく適用される場合のみである。それゆえ、国内の営業関係法、競争法または労働法上の諸規定を無差別に適用した結果生じている種々の妨害行為は居住移転の自由によって保護される範囲には入らないため、このような行為に対して居住移転の自由を主張することはできない。EU機能条約第四九条、第五四条が保障するのは、市場への自由なアクセス、つまり、居住移転の自由だけである。それゆえ、この規定のもとで、加盟国は、国内会社法上、特に子会社の設立やすでに外国で成立している会社の国内への流入ができなくなるようにしてはならない。これに対して、純然たる内国民差別行為は、いわゆる国際的要素がそこに欠けているため、なんら禁止されていない[29]。内国民が自国に対して居住移転の自由を援用することができるのは、他の加盟諸国で居住することを妨げられているか、または、どこかの加盟国に居住した後に元の加盟国に戻ろうとする（経済的帰還）か、これらの場合だけでしかない。

EU機能条約第四九条に定められた、居住移転の自由を求める権利は、直接的第三者効を有する――その結果、同業者団体や職業別組合のような私法上の組織に対しても、居住移転の自由を求める権利の行使が職務執行上本質的な

ものである限り、この権利を援用することができる。(30)

1 設立

団体の設立に関する諸問題は設立国法にのみ服する。権利能力を取得するということは、設立国の設立手続に関する国内強行規定を遵守することと結び付けられている。どのような団体形式を選べるかは、設立行為が行われる国の国内法たる団体法によって制限されている。加盟諸国の国内団体法上個別に定められていなくても、ヨーロッパ統一法に従って設立され得る団体形式が存在するところから、国内団体法上認められる法形式は広く拡張されている。居住移転の自由の意味および目的を考慮すると、ヨーロッパ統一法に従い一つの加盟国で設立された団体がＥＵ機能条約第四九条以下の諸規定に基づく諸権利を援用することができるというように、ＥＵ機能条約第五四条第一項を理解しなければならない。

2 本拠移転と国際合併

団体がその本拠を外国へ移転しようとする場合、その所有者の関心は、従来の団体形式がそのまま維持されるか否か、当該団体をあらかじめ解散しなくても新しい本拠地国の団体形式に変更することができるかどうかといった点に向けられることであろう。どのような見解によっても、居住移転の自由に、会社が同一性を維持したままで本拠を移転する権利が含まれることに異論はない。それでも、説明の上では、類型として、国内会社の外国への流出（Wegzug）

と外国会社の国内への流入（Zuzug）とが区別されなければならない。

(1) 流　出

国内の団体がヨーロッパの他の国へ流出することができるか否か、その場合、どのような効果を有するかというテーマは、長い間、判例および学術文献において活発な論議の対象となっていた。原則的な立場を表明した先年の「デイリー・メール（Daily Mail）事件」判決において、ヨーロッパ裁判所は、団体が同一性を維持したままでその本拠を外国へ移転する権利に対し、国内法が制限を加えることは適法であると述べた。(31) この事案では、税制上の事情でイギリスからオランダへ管理機関の本拠が移転された事案において、流出に対してイギリスが行った課税の適法性如何が判断された。ヨーロッパ裁判所がEU機能条約第五四条（旧ヨーロッパ条約第四八条第一項）から導き出した結論では、団体と設立国との結び付きに関して各国法の間に存する種々の相違は承認されなければならない、とされている。これによると、イギリスが行う課税も適法であるということになる。しかし、他方で、旧ヨーロッパ条約第二九三条によれば、他の加盟国に本拠を移転する際の法人格維持に関する規律は加盟諸国間での協定上の留保に服していた。この点を考慮すると、協定上の留保があるために、イギリスが課税を行うことが適法であるとはいえなくなるはずである。ヨーロッパ裁判所は、EU機能条約第四九条（旧ヨーロッパ条約第四三条第一項第一文）に基づく第一次居住移転の自由の適用範囲を自然人に限定し、法人を除外するという解釈を示していた。これは、加盟諸国間での協定上の留保は自然人に限定され、法人には適用されないという立場である。この結果、イギリスによる課税行為を適法であるとする本拠地法説——本拠地法説によれば、本拠移転後に会社が存在するか否かという点は、会社が本拠地国で認められた団体形式で存在していること、しかも、管理機関の本拠移転に関する決議が同時に会社の解散を含意すること、これらについて準拠法たる本拠地法上どのような内容が規定されているかに左右される—がヨーロッパ法と合致する考え方であることが、確認された。

(2) 流　入

これに対し、ヨーロッパ裁判所は、その後に下された「セントロス（Centros）事件」、「イィーバーゼーリング（Überseering）事件、「インスパィア・アート（Inspire Art）事件」および「セヴィッチ（Sevic）事件」のそれぞれの判決において、外国の団体が国内へ流入する場合、居住移転の自由がどのような意味を持つかという点を強調した。まず「セントロス事件」[32]においてヨーロッパ裁判所は、他の加盟国法に従って設立されかつその国に居住する会社の従たる営業所の登録を受入れ国側で拒否することはヨーロッパ法が居住移転の自由を認めていることと合致しない、と述べた。この事案では、当該会社は本拠地国ではまったく事業活動を行っていなかった。他の加盟国に従たる営業所を設けた趣旨は、その地ですべての事業活動を営むことだけでなく、（主たる）本拠の維持を通じて、流入国の資本調達規定を回避することにもあった。ヨーロッパ裁判所の判例はこう述べている。すなわち、確かに、ヨーロッパ法を濫用して国内諸規定を回避することを阻止すべく、加盟国はさまざまな措置を講じる権利を有する。しかしながら、経営上の長所があるという理由だけで外国の団体形式を利用することも、動機としては適法でありかつ尊重されなければならない、と。これによると、本件会社の本拠移転行為は適法なものと認められることとなる。実際、ヨーロッパ裁判所がこの裁判において、加盟国は、管理機関の本拠を内国に有する外国会社に対してしか自国の国内会社法を適用することができないという判断を下したことにより、ヨーロッパ団体法の組み替えに向けて、新しい重要な一歩が踏み出されることとなった。

　これに続く「イィーバーゼーリング事件」裁判(33)は、オランダの有限責任会社が管理機関の本拠を事実上ドイツへ移転するというやり方でドイツへ流入しようとした事案であった。ドイツで一般に通用している考え方、つまり、本拠地法説によれば、当該有限責任会社は、もはや権利能力を有するオランダのB.V.（株式会社）とはみなされず、せいぜいドイツの民法上の団体（Gesellschaft bürgerlichen Rechts - GbR; BGB-Gesellschaft 二名以上の社員（自然人、法人又は人的会社）の結合体）とみなされるにすぎないこととなる。ところが、ヨーロッパ裁判所はこのような考え方を採ることに反対し、居住移転の自由によれば、加盟国オランダで設立された会社がドイツ国内で権利能力および当事者能力を有するか否かという点を設立国法たるオランダ法に従って判断することが本件では求められている旨の裁判を下した。その趣旨は、次の点にある。すなわち、確かに、公共の福祉という絶対的事由、たとえば債権者の利益、少数社員の利益、労働者の利益、国庫の利益、これらにより、一定の条件下ではあるが、居住移転の自由に対して加盟国が制限を加えることも正当化できるという点は否定されてはならない。しかしながら、その結果として、EU域内にある外国団体（EU-ausländische Gesellschaft）の権利能力および当事者能力の承認を拒否するということがあってはならない、と。さらに、「インスパイア・アート事件」(34)においてヨーロッパ裁判所は、EU内のいずれかの加盟国で有効に設立された団体は他のどの加盟国でも無制限に承認されなければならないという結論を最終的に確認していた。以上に述べたことを前提とすると、EU域内外国会社が当該国に従たる営業所を開設することを一定の条件（たとえば、国内法上、会社の設立を有効とするために、最低資本金や事業執行者の責任を規定すること）に委ねるような国家的措置は、

EU機能条約第四九条、第五四条と相容れないこととなる。

ここに述べたことの当然の帰結として、ヨーロッパ裁判所は、居住移転の自由の特殊な一態様である国際的合併が域内市場を支障なく機能させる上できわめて重要であるという考えのもとに、「セヴィッチ事件」[35]において、国際的合併をEU機能条約第四九条、第五四条の適用範囲に含めるという判断を示した。その結果、合併の当事者である二社のうちの一社が他方の加盟国に本拠を有している以上、清算しないままで会社を解散するとか、会社財産のすべてを他方の会社へ譲渡するとかといった方法で合併が行われ、合併した会社がそれを国内の商業登記簿に登記しようとしても、加盟国は一般に当該登記を拒否することができなくなっている。[36] 国際的合併に関する指令――この指令は、これまでの間に、ドイツでも国内法化されている――がその後可決されたことで、この点につき実定法上の根拠が明確化された結果、[37] この種の問題は広範囲に亘ってすでに立法上解決されている。[38] いわゆる流入事案の問題を取り上げたヨーロッパ裁判所の「デイリー・メール事件」判決との対比でいえば、「デイリー・メール事件」判決の趣旨が流出事案においても引き続き重要性を有するといえるかどうかという点には疑問があった。というのも、しばしばみられた点であるが、この判決によって、本拠地法説から設立準拠法説への全面的転向がなされたと考えられていたから[39]である。ヨーロッパ裁判所が設立準拠法説を全面的に適用するという考え方を採用しているかどうかという点を、その後に下された「セントロス事件」、「イィーバーゼーリング事件」および「インスパイア・アート事件」の裁判から一義的に明らかにすることはできていない。それゆえ、居住移転の自由の事項的適用範囲内に流出事案を含めなければならないかどうかという点が確定的に解決されたとはいえない状況が、長い間、続いていた。それでも、「セヴィッチ事件」判決の理由中で「ドゥ・ラスティィリィ・デュ・サイヤン（De Lasteyrie du Saillant）事件」判決への言及が行われている――この判決によれば、外資により国内で行われる合併も流出の事案も、EU機能条約第四九条および第五四条が定める第一次的保護を享受する―ことから考えると、ここに述べたこととは反対の推論も許されよう。(40)

しかしながら、ヨーロッパ裁判所は、「カーテシオ(Cartesio)事件」において、このような考慮を加えることに明確に反対する姿勢を示した。(41) この裁判の当事者はハンガリーの会社であった。ハンガリーで商業登記簿を所管する官庁は、同社のイタリアへの本拠移転を求める申立を退けた。判示はこう述べている。すなわち、この移転を認めることは現行のハンガリー法と相容れない、というのは、本拠を移転するためには、最初に同社のハンガリーでの法人格を終了させ、それに続けて移転先国であるイタリア法に従って新たに会社を設立することが必要とされているからである、と。この点につき、ヨーロッパ裁判所は、現行共同体法のもとでは、加盟国法に従って設立された会社がその本拠を他の加盟国に移転すること、その際に同社が設立されている加盟国国内法上の会社としての属性を保持すること、これらを同社に対して禁止する加盟国の法規であっても、(同社がそのようにすることを当該法規はなんら)妨げていないというように、EU機能条約第四九条および第五四条を解釈しなければならないという趣旨を確認した。(42) これによると、ハンガリーの会社はハンガリーで会社を解散せずその法人格を維持したままイタリアへ本拠を移転できることになる。ヨーロッパ裁判所は、この判決により、二〇年前に下された「デイリー・メール事件」判決の趣旨を確認したことになる。

3　ドイツ国内法への影響

居住移転の自由をめぐるヨーロッパ法の展開が示してきたように、EU域内（EU-interne）で事案が発生している場合に関して、本拠地法説は、その適用上、かなりの制限を受けるようになっている。ドイツ法の解釈としていえば、EU域内にある外国の会社は、管理機関の本拠がドイツ国内にあるか否かに関係なく、その設立準拠法が尊重され、ドイツで承認されなければならない。ヨーロッパ裁判所の判断と歩調を合わせて、ドイツ連邦通常裁判所も、事実上の管理機関の本拠をドイツ国内に有するイギリスの有限責任会社（Ltd.）が倒産した事件で、イギリス法が適用されなければならない旨を認めている(43)。ドイツの国内判例が、ヨーロッパ内での流入事案についてみるかぎり、時の経過とともに次第に設立準拠法説に従う傾向にあるのに対し(44)、個別的な問題点、たとえば、団体の存在それ自体を無に帰せしめるような介入行為が行われたことから生じる責任の有無とその範囲についてどのように連結するか、また会社が倒産する時期を遅らせた責任の法的性質をどのように決定するかといった問題については、なお争いがある。そこでの論点は、たとえば、不法行為と性質決定して不法行為準拠法を適用するか、倒産と性質決定して倒産の準拠法を適用するかというように、法律関係の性質を決定する基準として主たる管理機関の本拠が所在する地の法が適用されるか否かであり、また、このような規律の仕方が時として居住移転の自由に対する制限を意味するか否かである(45)。これらの問題と同様に、事実上ドイツに居住する疑似外国会社に対してドイツの共同決定規定が適用されるか否かという点も、まだ解明されてはいない(46)。

資本会社に関するドイツ国内の判例[47]と文献[48]をみると、会社が同一性を保持したままで国外へ流出することはできないとされている。こうした見方は、通例、債権者の利益、少数株主の利益、労働者の利益、そして国庫の利益、これらを重視する立場からみると、十分に正当化することができる。ドイツ法により法的存在を認められた会社についていえば、会社の本拠がドイツ国内にあることは、当該会社を信頼する基盤を世間一般や社員に対して提供するという意味で、必要なことといわなければならない。国際的合併の場合と異なり、外国の法主体が関与していない純粋の国内案件である以上、ドイツ法に従ってドイツで設立された団体が管理機関の本拠や定款上の法人住所を自由に外国へ移転することを、居住移転の自由という名のもとに、認めるべきではないように思われる。そこで争われていたのは、外国への移転決議が会社の終了決議とみなされなければならないか否か、また当該決議が無効とされなければならないか否かという点であった。外国への流出を認めないとするこのような見解は、ヨーロッパ裁判所が居住移転の自由につき最近下した「カーテシオ事件（Cartesio）」判決によっても、支持されている。

しかしながら、ドイツの資本会社が同一性を維持したまま海外に流出することを無制限に認めようとする主張にも、十分な論拠があるようにみえる。というのも、どの場合もそうであるが、流出事案は、いつでも、逆に相手国の側から見ると、流入事案となっているのであり、公平という点からみると、流出事案についても流入事案についてもまったく同一の条件が適用されなければならないはずだからである。これまでの歴史をみると、ドイツの立法者もこのような見方に従っている。有限責任会社も株式会社も、今では、新しい表現形式の有限責任会社法第四a条および株式法第五条のもとで、実効的管理機関の本拠を外国へ移転すること、それをもって、会社法上の流出に対する制限を撤廃すること、これらができるようになっている[49]。二〇〇八年に提出された会社・社団・法人に関する国際私法的規律のための法律に関する連邦法務省案もこれと同じ方向を目指している。この案によると、ドイツ法上も、設立準拠法が適用されるようになっており、国際的な組織変更や本拠移転が可能となっている。今日、同案が発効することが、大いに待望されている。その発効までなお未解決のままに先送りされているのが、特に人的会社の流出をどうみるかという問題である。この点に関しては、資本会社の場合と同様、人的会社の流出を種々制限することを認めず、自由に移転できるようにするべきであろう。(50) ドイツの場合、人的会社は、資本会社と異なり、実効的管理機関の本拠のほかに、定款上の法人住所を自由に操作できるような立場にはない(51)ので、資本会社と対比すると、人的会社に特性を見出すことはできないはずである。このようにみると、事実上の管理機関の本拠をドイツからＥＵ内のいずれかの国へ移転する場合に生じる諸問題に対しては、依然として、ドイツ実質法が適用されることとなる。

4　「疑似外国会社」の問題性(52)

言うまでもなくドイツの会社法は資本調達原則および資本維持原則を基盤として成り立っているので、投資者保護および債権者保護という視点からみると、設立の段階においてすでに、種々の厳格な基準が遵守されていなければならない。念頭にあるのは、投下資本の額を相対的に高く設定するということだけではない。設立の過程自体からして、一定の時間や費用がかかるものである。これに対して、ドイツ以外のヨーロッパ諸国で認められている会社形式では、設立の過程がもっとずっと簡素化されている。たとえば、「Ltd.」という名のイギリスの有限責任会社を設立するには一ないし二週間もあれば足りるのに対し、「GmbH」というドイツの伝統的な有限会社の設立には——新しい「Unternehmensgesellschaft haftungsbeschränkt（有限責任事業会社）」もそうであるが——、通例、これよりももっと長い期間がかかっている。また、「GmbH」の設立費用が一、五〇〇ユーロないし二、〇〇〇ユーロであるのに対して、「Ltd.」の設立費用は約一〇〇ユーロというように、もともと少額である。こうした背景をみればすぐ分かるように、ヨーロッパ裁判所によっていわゆる設立準拠法説の採用が認められた結果、個々の団体だけでなく、各国法上認められた団体形式が国境を越えて移動するケースが一層増えてきた。これにより、ヨーロッパ連合内で適法に設立し、その後、他の加盟国に本拠を移転している会社は、原則として、流入国において、自己の権利能力の承認を求めることができるようになっている。こうした状況は、同時に、今日、ヨーロッパ諸国の法体系の間で競争が行われていることを意味している。前述した多くの原則が同じように適用されている[53]ヨーロッパ経済区域（EWR）加盟の諸国を含め、外国の資本会社に対して自国への投資を呼び掛けている国をリストアップすると、その数は少なくとも三〇か国以上に及んでいる。実際のところ、ドイツ人によりヨーロッパの他の国で設立されているが、設立国で活動していない会社の数は、ずっと増え続けてきている。統計上も、疑似外国会社が実務上重要な地位を占めていることが、十分に証明されている。二〇〇六年一一月一日までの時点でみても、ドイツに管理機関の本拠を有するイギリスのLtd.はすでに四六、〇〇〇社を超えていた。[54]金銭的にみても時間的にみても、ドイツ法上の団体形式より外国法上の団体形式が優先的に選ばれるのは、外国で設立した後、ドイツに本拠をすぐに移すことができるため、ドイツで事業活動を行う法人を最短時間で用意することができるからである。このような会社は、装いだけは外国のものであっても、その中身は純粋の「内国」法人しかないという意味で、ひと言でいえば、「疑似外国会社」と呼ばれている。

このような疑似外国会社を設立しようとする場合には、もちろん、設立過程に適用される規定が違えば法律効果も異なるため、適用される基準が「不安定」となるというリスクが隠されている。しかし、そうだからといって、「最低を目指す争い（race to the bottom）」が生じているわけではない。団体法分野におけるヨーロッパの法制度は、改良の途上にある。ヨーロッパ諸国の国家法を統一する過程をみると、たとえ規則（Verordnungen）という立法形式に依存する度合いが多いとしても、作業のスピードは相当早くなっており、倒産法のような領域に至るまで広い範囲に亘って、相互に諸国の規定を調整する作業が続けられている。こうした状況を考えると、会社にとって「最も有利な」法形式は何かという問いに答えることがきわめて難しくなり、個別的な状況に左右されるようになっている。設立地として外国を選ぶときに最優先事項とされた「設立までに要する時間の短さ」という要素も、厳格でかつ費用のかかる企業会計上の計算規定を顧慮しなければならなくなってくるときは、すぐに短所へと変わりかねない。まとまった資本金がなくても設立できるという「手軽な」やり方を採用しても、倒産に際して発起人や社員が負うべき責任という点でのリスクが大きくなるのであれば、発起人や社員は当然に報いを受けることとなろう。

5 居住移転の自由と租税法

居住移転の自由を行使する際に最も重要なのは、諸国の国内租税法がどのように定められているかという観点である。この点に関する限り、共同体法上の規律権限はＥＵ機能条約第一一三条および第一一五条により、狭く限定されている。直接税の規律が加盟諸国の権限範囲内にあるとしても、それでも、加盟諸国は、自国の権限を行使する上で、共同体法を遵守しなければならず、国籍を理由とする顕在的または潜在的な差別をすべて撤廃しなければならない。(55)これに対して、ドイツの租税基本法第一〇条において所得税につき「最上位事業指揮機関の中心地」が考慮されている点は、居住移転の自由に対する違反には当たらない。それゆえ、ドイツ国内でのみ事業を執行している外国会社は、ドイツにおいて無制限納税義務を負うこととなる。

ヨーロッパ裁判所においては、加盟諸国が国家財政上有する利益が考慮されているが、確定の判例によれば、歳入が減少しても、それだけで国家財政上の利益があると絶対的に認められているわけではない――そこにいう「絶対的理由」は、原則として、居住移転の自由とは相容れない措置を正当化するために挙げられる理由のみに限られている。[56] 特に重要なのは、従たる営業所が出した赤字の繰り越し分を税務上考慮する場合、国際的な規模で組織が変更される際に課税される場合、経済財の消費が加盟国の国境を超えて行われる際に税務上の効果が発生する場合、これらの場合にみられる差別禁止条項である。[57] たとえば、ヨーロッパ裁判所は、「マークス・アンド・スペンサー事件」の裁判において、イギリス租税法上、子会社―ヨーロッパの他の国に居住する外国子会社ではなく、国内の子会社のみに限って―が出した損失を内国親会社の利潤から控除すること（コンツェルン控除）が適法とされていたところから、居住移転の自由に対する不適法な介入が行われていたと判断した。そうした判断の前提には、子会社が本拠地国で損失を控除するあらゆる可能性を利用し尽くしていたこと、期間の点からみて将来に亘っても当該損失が自らによっても第三者によっても補填される可能性がまったくないこと、これらの認識があった。[58]

(19) ヨーロッパ法上の団体形式について参照されるのは、*Dornseifer* (ed.), Corporate Business Forms in Europe, 2005; *van Hulle/Gesell* (Hrsg.), European Corporate Law, 2006; *Mellert*, Ausländische Kapitalgesellschaften als Alternative *zur* AG und GmbH - eine Synopse, BB 2006, 8; *Mellert/Verfürth*, Wettbewerb der Gesellschaftsformen, 2005 である。

(20) その概要について参照されるのは、*Eidenmüller* (Hrsg.), Ausländische Kapitalgesellschaften im deutschen Recht, 2004; *Habersack*, Europäisches Gesellschaftsrecht, 3. Aufl. 2006; *Lutter* (Hrsg.), Europäische Auslandsgesellschaften in Deutschland, 2005 である。

(21) EuGH, Urt. v. 25.7.1991, Rs. C-221/89, Slg. 1991, I-3905, Rn. 20 - “*Factortame*”.

(22) EuGH, Urt. v. 13.4.2000, Rs. C-251/98, Slg. 2000, I-2787 = NZG 2000, 731, Rn. 22 - “*Baars*”.

(23) アルベルス（*Albers*）法務官の最終意見書（Schlussanträge）, Rs. C-251/98, Slg. 2000, I-2787, Rn. 26, 30 - “*Baars*”.

(24) 居住移転の自由に関する諸原則がヨーロッパ自由貿易連合（ＥＦＴＡ）加盟諸国のアイスランド、リヒテンシュタインおよびノルウェーについても適用されることは、一九九二年五月二日のヨーロッパ経済区域協定（EWR-Abkommen）第三一条および第三四条（BGBl. II 1993, 267）から明らかになる。これについて参照されるものとしては、BGH ZIP 2005, 1869もある。

(25) 詳細なものとして、*Schwarz*, Rn. 148 f.

(26) Calliess/Ruffert/*Bröhmer*, EUV/EGV, 3. Aufl. 2007, Art. 43 EGV Rn. 20 ff.; *Habersack*, Europäisches Gesellschaftsrecht, § 3 Rn. 3 ff.; *Schwarz*, Rn. 131 f.

(27) EuGH, Urt. v. 30.11.1995, Rs. C-55/94, Slg. 1995, I-4165 = NJW 1996, 579, Rn. 37 - *“Gebhardt”*; これについては、*Eidenmüller*, Ausländische Kapitalgesellschaften, § 3 Rn. 20 ff.

(28) EuGH, Urt. v. 24.11.1993, Rs. C-268/91, Slg. 1993, I-6097 = NJW 1994, 121, Rn. 16 f. - “*Keck*”.

(29) Calliess/Ruffert/*Bröhmer*, Art. 43 EGV Rn. 6; *Schwarz*, Rn. 141 f.

(30) Schwarz, Rn. 143.

(31) EuGH, Urt. v. 27.9.1988, Rs. C-81/87, Slg. 1988, 5505 = NJW 1989, 2186, Rn. 20 ff. - *“Daily Mail”*.

(32) EuGH, Urt. v. 9.3.1999, Rs. C-212/97, Slg. 1999, I-1459 = NJW 1999, 2027, Rn. 24, 26 f. - *“Centros”*; これについては、Saenger (Hrsg.), Casebook Europäisches Gesellschafts- und Unternehmensrecht, 2002, S. 84 ff.

(33) EuGH, Urt. v. 5.11.2002, Rs. C-208/00, Slg. 2002, I-9919 = NJW 2002, 3614, Rn. 52, 59, 92 ff. - *“Überseering”*.

(34) EuGH, Urt. v. 30.9.2003, Rs. C-167/01, Slg. 2003, I-10155 = NJW 2003, 3331, Rn. 105 - “*Inspire Art*”; この判決のドイツにおける影響について参照されるのは、*Wachter*, GmbHR 2004, 88である。

(35) EuGH, Urt. v. 13.12.2005, Rs. C-411/03, Slg. 2005, I-10805 = NJW 2006, 425, Rn. 16, 19 - *“Sevic”*.

(36) EuGH, Urt. v. 13.12.2005, Rs. C-411/03, Slg. 2005, I-10805 = NJW 2006, 425, Rn. 31 - *“Sevic”*.

(37) 二〇〇五年一〇月二六日の相異なる加盟国で設立された資本会社の合併に関するヨーロッパ議会およびヨーロッパ理事会の指令二〇〇五年第五六号、ABl. Nr. L 310/1; これについては、*Grohmann/Gruschinske*, GmbHR 2006, 191; *Nagel*, NZG 2006,

97; ドイツで国内法化のために行われたその置き換えについては、*Müller*, NZG 2006, 286.

(38) *Habersack*, Europäisches Gesellschaftsrecht, § 7 Rn. 52 ff.; *Spahlinger/Wegen*, NZG 2006, 721.

(39) これに賛成するものとして、たとえば、ティッツァーノ（*Tizzano*）法務官の最終意見書 , Rs. C-411/03 - *"Sevic"*, Der Konzern 2006, 513, 517, Tz. 44 f; 逆に、これに反対するものとして、BayObLG BB 2004, 570 がある。

(40) EuGH, Urt. v. 13.12.2005, Rs. C-411/03, Slg. 2005, I-10805 = NJW 2006, 425, Rn. 23 - *"Sevic"*. カーテシオ事件（次注のほか、Eur-dex CELEX number 62 006C0210）におけるポイアーレス・マドゥーロ（Poiares Maduro）法務官の最終意見書もこれに賛成している。

(41) EuGH, Urt. v. 16.12.2008, Rs. C-210/06, Slg. 2008, I-9641= NJW 2009, 569 - *"Cartesio"*.

(42) EuGH, Urt. v. 16.12.2008, Rs. C-210/06, Slg. 2008, I-9641= NJW 2009, 569 - *"Cartesio"*.

(43) BGH NJW 2005, 1648.

(44) BGHZ 154, 185, 188 f. ; NJW 2005, 1648; BayObLG ZIP 2003, 398, 399 f.; OLG Celle IPRax 2003, 245; OLG Zweibrücken WM 2003, 1329.

(45) *Eidenmüller*, Ausländische Kapitalgesellschaften, § 4 Rn. 17 ff. und § 9 Rn. 31 ff.; *Kieninger*, ZEuP 2004, 685, 696 ff.

(46) *Eidenmüller*, Ausländische Kapitalgesellschaften, § 6 Rn. 31 ff.

(47) RGZ 7, 68, 69 f. 以降の判例がそうである；その他の点について参照されるのは、BGHZ 30, 320, 328 のみであり、最近の判例としては、OLG Brandenburg GmbHR 2005, 484（これには *Ringe* の肯定的評釈が付されている）; BayObLG BB 2004, 570; OLG Hamm NJW 2001, 2183; OLG Düsseldorf NJW 2001, 2184 がある。

(48) 参照されるのは、Staudinger/*Großfeld*, IntGesR Rn. 608 ff., 650 ff., 664 ff., 679 f.; MüKoBGB/Kindler, IntGesR Rn. 498 ff., 509 ff.（それぞれに詳細な証明が付されている）jeweils m.w.N. のみである。

(49) このような背景があるところから、ヨーロッパ裁判所の「カーテシオ事件」判決がドイツの実務に、少なくともドイツで最も重要な団体形式である「資本会社」に対して及ぼした影響は相対的に小さくなっている。

(50) 人的会社の流出について詳しいのは、*Saenger*, FS P+P Pöllath + Partners, 2008, S. 295 ff. である。

(51) MüKoBGB/*Kindler*, IntGesR Rn. 434 ff.

(52) これについて参照されるのは、以下の文献のみである。*Eidenmüller* (Hrsg.), Ausländische Kapitalgesellschaften; *Lutter* (Hrsg.), Europäische Auslandsgesellschaften in Deutschland, 2005; *Mankowski*, Die deutsche Ltd.-Zweigniederlassung im

Spannungsverhältnis von Gewerbe- und Registerrecht, BB 2006, 1173; *Mellert*, Ausländische Kapitalgesellschaften als Alternative zur AG und GmbH - eine Synopse, BB 2006, 8; *Peifer*, Finanz- und Haftungsverfassung der SARL. Alternative Rechtsform zu GmbH und Limited?, GmbHR 2007, 1208; *Römermann*, Die Limited in Deutschland - eine Alternative zur GmbH?, NJW 2006, 2065; van *Hulle/Gesell* (Hrsg.), European Corporate Law, 2006; *Wachter*, Wettbewerb des GmbH-Rechts in Europa, GmbHR 2005, 717.

(53) 居住移転の自由に関する諸原則がヨーロッパ自由貿易連合加盟諸国のアイスランド、リヒテンシュタインおよびノルウェーについても適用されることは、一九九二年五月二日のヨーロッパ経済区域協定（EWR-Abkommen）第三一条および第三四条（BGBl. II 1993, 267）から明らかになる。

(54) *Westhoff*, GmbHR 2007, 474; その実務上の意義については、*Bayer/Hoffmann*, GmbHR 2007, 414; ＥＵ域内の外国で設立された団体の、ドイツの商業登記簿への登録について参照されるのは、*Lutter*, Europäische Auslandsgesellschaften in Deutschland, S. 1 ff. である。

(55) EuGH, Urt. v. 13.4.2000, Rs. C-251/98, Slg. 2000, I-2787 = NZG 2000, 731, Rn. 17 - *"Baars"*.

(56) EuGH, Urt. v. 15.7.2004, Rs. C-315/02, Slg. 2004, I-7063 = EuZW 2004, 594, Rn. 40 - *"Lenz"*.

(57) これについて全般的には、Calliess/Ruffert/*Bröhmer*, Art. 43 EGV Rn. 36 ff.

(58) EuGH, Urt. v. 13.12.2005, Rs. C-446/03, Slg. 2005, I-10837 = EuZW 2006, 85, Rn. 59 - *"Marks & Spencer"*; これについては、*Raupach/Pohl*, NZG 2005, 489.

Ⅳ　ヨーロッパ団体法（実質法）

第一次ヨーロッパ法で求められているのは、加盟諸国の国内会社法を相互に調整することではなくて、諸国の立法者に形成の自由を認めることだけである。法の調整および法の統一が行われるのは、むしろ、第二次法の次元においてである。しかし、共同体の活動では、ヨーロッパ条約第五条第一項に基づいて限定された範囲で個別に授権が行われるという原則に従えば、しかるべき授権が必要とされている。加盟諸国の会社法間での調整についてこのような授権を見出すことができるのは、ＥＵ機能条約第五〇条第二項ｇ号および第一一四条においてである。このほか、ＥＵ機能条約第三五二条第一項第一文も存在する―特に超国家的な団体形式を創設する場合に、「所管事項として取り上げる権限（Auffangkompetenz）」または「弾力的運用条項」との関連において、この規定の重要性が高くなっている。ＥＵ機能条約第二八八条第一項では、規則、指令、裁判、拘束力のない勧告と態度表明、これらも法的手段として考慮されている。

1　指　令

加盟諸国の団体法を相互に調整するための主要な方法は、「指令（Richtlinien）」である。ＥＵ機能条約第二八八条第三項によれば、指令を尊重しようとする加盟諸国にとって、指令は、達成目標に関してのみ拘束力を有するにすぎず、国内法化に際して認められた裁量の枠内でどのような形式・方法が最も適切であるかという点の判断は、加盟諸国の自由な裁量に委ねられている。居住移転の自由の分野で授権を定めたＥＵ機能条約第五〇条第二項ｇ号（旧ヨーロッパ条約第四四条第二項ｇ号）という立法上の根拠は、加盟諸国の団体法間で競争を行う場合、すべての加盟国において社員および第三者の利益の保護を同価値のものとする手段として、利用されなければならないはずである。この点を考慮すると、この立法規定は、多くの趣旨を含むことができるように、広く解釈されなければならないこととなろう。[59] このように解釈することによって初めて、ＥＵ機能条約第五〇条第二項ｇ号を介して、内容上、労働者による共同決定の問題、企業会計法の問題、それに牴触法の問題、これらを含め、すべての加盟国の団体法を相互に調整するための権限が付与され、それゆえに同種の規定が新たに作り出されるはずだからである。(60)

加盟諸国が指令を国内法化しようとする場合、その度合いが国家間で調整された範囲を超えて行き過ぎたものであったとしても、原則として、それが適法とされることになんら問題はない。その場合、国内法規範に採用された行き過ぎの部分については、必ずしも指令に合致するような解釈を行わなければならないという義務はない。それゆえ、そこで行われる解釈について、ＥＵ機能条約第二六七条（旧ヨーロッパ条約第二三四条）に基づく先行裁判手続というやり方で、その当否が審査されることもない。ドイツの団体法上そのような行き過ぎの事例は、商法典第一五条第三項――この規定は、開示指令第三条第六項第二号の場合と並んで、登録および公示が虚偽であるか否かという問題の規律を対象とする――および商法典第二三八条ないし第二六三条――これらの規定は、資本会社のほか、個人商人および人的商事会社をも対象とする――に見出される。合併指令および分割指令の内容とは異なり、ドイツの転換法における諸規定は、株式会社に対してだけでなく、それ以外の団体形式に対しても適用されている。諸国家間で調整された内容よりもずっと厳しい加盟諸国の規定が適法とされるのは、共同体法という統一したやり方で達成しようとする保護目的が最小限度のものである――それゆえ、最高限度のものではない――場合だけに限られている。

ヨーロッパ委員会が調整のために準備した当初の構想では、加盟諸国の株式法をできる範囲ですべて調整すること、そして開示原則を共同体全域で実施すること、これらが目標とされていた。ＥＵ機能条約第五〇条第二項ｇ号の範囲内で立法計画として準備された指令は全部で一四件あったが、これまでに公布された指令は一一件である（しばしば行なわれた変更のための指令は、計算に入れられていない）。それらの指令は、ヨーロッパ会社（SE）とヨーロッパ協同組合（SCE）における従業員参加指令を通じてそれぞれ補充されている。ほかに四件の指令が、現在まで、草案または予備草案として公表されている。

団体法の分野では、これまでに、次に掲げるような指令が公布されている。[61]

—一九六八年三月九日の第一指令一九六八年第一五一号（開示指令[62]）およびこれを変更した二〇〇三年七月一五日の指令二〇〇三年第五八号[63]

—一九七六年一二月一三日の第二指令一九七六年第九一号（資本指令[64]）およびこれを変更した二〇〇六年九月六日の指令二〇〇六年第六八号[65]

—一九七八年一〇月九日の第三指令一九七八年第八五五号（合併指令[66]）

—一九七八年七月二五日の第四指令一九七八年第六六〇号（年度末決算書指令[67]）

—一九八二年一二月一七日の第六指令一九八二年第八九一号（分割指令[68]）

—一九八三年六月一三日の第七指令一九八三年第三四九号（決算書整理統合指令[69]）

—二〇〇六年五月一七日の（第八）指令二〇〇六年第四三号（最終監査者指令[70]）

—二〇〇五年一〇月二六日の（第一〇）指令二〇〇五年第五六号（国際的合併指令[71]）

—一九八九年一二月二一日の第一一指令一九八九年第六六六号（従たる営業所指令[72]）

—一九八九年一二月二一日の第一二指令一九八九年第六六七号（一人会社指令[73]）

—二〇〇四年四月二一日の（第一三）指令二〇〇四年第二五号（企業買収指令[74]）

―二〇〇一年一〇月八日の従業員参加に関するヨーロッパ会社定款の補充のための指令二〇〇一年第八六号（ヨーロッパ会社補充指令）[75]

―二〇〇三年七月二二日の従業員参加に関するヨーロッパ組合定款の補充のための指令二〇〇三年第七二号（ヨーロッパ協同組合補充指令）[76]

他方、提案やそこに至るまでの発展段階にあるのは、以下の各指令である。[77]

―一九九一年一一月二〇日の第五指令の第三次変更指令（構造指令）[78]

―一九八四年の第九次指令予備草案（コンツェルン法指令）[79]

―一九九七年四月二二日の第一四次指令予備草案[80]

―清算指令予備草案改訂版[81]

2　規　則

ＥＵ機能条約第二八八条第二項によれば、共同体法上の「規則（Verordnungen）」は、一般的効力を有し、すべての分野において拘束力を持ち、そして、各加盟国において直接に適用されており、加盟国において国内法化する上で、それ以上特別の行為は必要とされていない。その法的性質を考えると、規則というやり方で、法の統一が達成され、矛盾対立する諸国の国内規定が駆逐されることとなる。それゆえ、規則は、特に超国家的な会社形式を創設するのに最も適した形式であるといえよう。ヨーロッパ法上認められる団体形式は、通例、諸国の国内団体法上認められている団体形式と並列の関係に立っており、国内法の補充として存在したり、加盟諸国の団体法を変えたりするようなものではない。規則に法的根拠を付与する規定はEU機能条約第三五二条第一項第一号（旧ヨーロッパ条約第三〇八条）であって、EU機能条約第一一四条ではない。(82) ヨーロッパ経済利益団体、ヨーロッパ会社、ヨーロッパ組合、そして将来のヨーロッパ民事会社、これらは規則により創設されたものであるが、これらと同様に規則というやり方で、上場会社の金融情報の調整を図っているのが国際企業会計原則の適用に関する二〇〇二年七月一九日の規則二〇〇二年第一六〇六号である。(83) EU機能条約第一一四条第一項に基づいて同規則の可決が必要とされたのは、すべてのEU上場企業が、信頼性、評価、および競争能力に関して、二〇〇五年から、事実上、ヨーロッパ委員会により承認されたIAS基準、また今後はIFRS基準の適用を保障するという目的があった。それ自体拘束力を持たないIFRS基準の採用および承認も、同じように、規則という形式で行われている。(84)

3　勧告と態度表明

ヨーロッパ委員会、ヨーロッパ理事会、そして一定の場合にはヨーロッパ中央銀行も、「勧告（Empfehlungen）」および「意見（Stellungnahmen）」を発出する権限を有する（参照される規定は、たとえば、EU機能条約第一二六条および第一二七条、第二九二条である）。これらは、名宛て人に対し一定の行動を採るよう推奨することを目的とする。EU機能条約第二八八条第四項によれば、これらは確かに拘束力を持たないが、しかし、政治的な影響力という点では、重要な意味を持っている。加盟諸国の裁判所には、国内法規の解釈に際して勧告および意見を顧慮する義務がある。(85) 会社法分野における勧告としては、たとえば、EUにおける最終監査報告書の品質保証システムに関する最低基準、(86) 企業の年度末決算書・状況報告書における環境面への配慮、(87) そして、ＥＵにおける最終監査報告書の独立性に関する基本原則、(88) これらがある。ヨーロッパ委員会も、監査役会メンバーや業務執行に従事しない取締役の職務(89)ならびに企業経営トップの報酬(90)に関する勧告を公表している。

(59) EuGH, Urt. v. 4.12.1997, Rs. C-97/96, Slg. 1997, I-6843 = NJW 1998, 129, 130, Rn. 18 ff. - *"Daihatsu"*.
(60) *Habersack*, Europäisches Gesellschaftsrecht, § 3 Rn. 36 f.
(61) 各指令について詳しいものとして、*Habersack*, Europäisches Gesellschaftsrecht, §§ 5-10 がある。
(62) ABl. EG 1968 Nr. L 65/8.
(63) ABl. EU 2003 Nr. L 221/13.
(64) ABl. EG 1977 Nr. L 26/1.
(65) ABl. EU 2006 Nr. L 264/32.
(66) ABl. EG 1978 Nr. L 295/36.
(67) ABl. EG 1978 Nr. L 222/11, これを変更した最近の指令が二〇〇六年六月一四日の指令二〇〇六年第四六号（ABl. EU 2006 Nr. L 224/1）である。
(68) ABl. EG 1982 Nr. L 378/47.
(69) ABl. EG 1983 Nr. L 193/1, これを変更した最近の指令が二〇〇六年六月一四日の指令二〇〇六年第四六号（ABl. EU 2006 Nr. L 224/1）および二〇〇六年一一月二〇日の指令二〇〇六年第九九号（ABl. EU 2006 Nr. L 363/137）である。
(70) ABl. EU 2006 Nr. L 157/87; この指令をもって、一九八四年四月一〇日のヨーロッパ経済共同体指令一九八四年第二五三号（ABl. EG 1984 Nr. L 126/20）は廃止された。
(71) ABl. EU 2005 Nr. L 310/1.
(72) ABl. EG 1989 Nr. L 395/36.
(73) ABl. EG 1989 Nr. L 395/40.
(74) ABl. EU 2004 Nr. L 142/12.
(75) ABl. EG 2001 Nr. L 294/22.

(76) ABl. EG 2003 Nr. L 207/05.
(77) *Habersack*, Europäisches Gesellschaftsrecht, § 4 Rn. 3.
(78) ABl. EG 1972 C 131/49.
(79) これを収録しているのが、ZGR 1985, 446 ff. である（この案はもう放棄されている）。
(80) これを収録しているのが、ZIP 1997, 1721 ff. である。ヨーロッパ委員会は確かにこの指令に関する作業を二〇〇七年末に中止していた。しかし、ヨーロッパ裁判所の「カーテシオ事件」判決が現れたことによって、本拠移転指令（Sitzverlegungsrichtlinie）の作成に関する討議がふたたび始まることが予想される。
(81) Dok. Nr. XV/43/87-DE.
(82) EuGH, Urt. v. 2.5.2006, Rs. C-436/03, Slg. 2006, I-3733 = EuZW 2006, 380, Rn. 35 ff. - "*SCE*".
(83) ABl. EG 2002 Nr. L 243/1.
(84) これについては、*Habersack*, Europäisches Gesellschaftsrecht, § 8 Rn. 61 f.
(85) EuGH, Urt. v. 13.12.1989, Rs. C-322/88, Slg. 1989, I-4407, Rn. 18 = NZA 1991, 283 - "*Grimaldi/Fonds des maladies professionnelles*".
(86) ABl. EG 2001 Nr. L 91/91.
(87) ABl. EG 2001 Nr. L 156/33.
(88) ABl. EG 2002 Nr. L 191/22.
(89) ABl. EU 2005 Nr. L 52/51.
(90) ABl. EU 2004 Nr. L 385/55.

V　ヨーロッパ法における団体形式

1　ヨーロッパ経済利益団体（ＥＷＩＶ）

ヨーロッパ法の次元で登場した最初の超国家的な形式の団体は、一九八五年に採用されたヨーロッパ経済利益団体（Europäische Wirtschaftliche Interessenvereinigung - EWIV）である。そのモデルはフランスの経済利益団体であるが、一九八九年以降、ドイツでもヨーロッパ経済利益団体を登録することができるようになった。ヨーロッパ経済利益団体の目的は、構成員の経済的活動を容易にし、発展させることにある。たとえ利潤の獲得を事実上禁止されていないとしても、これに反して、ヨーロッパ経済利益団体は、固有の利潤獲得を目指すものではない。ヨーロッパ経済利益団体には、加盟国を異にする少なくとも二名の社員が参加していなければならない。ヨーロッパ経済利益団体の法的基盤は、直接適用可能性を有する規則一九八五年第二一三七号である。[91]ヨーロッパ経済利益団体規則第六条および第一〇条に定められた加盟国国内法上の登録・承認の仕方については、ドイツの場合、一九八八年四月一四日の施行法中に規定されている。[92]同施行法第一条によれば、ヨーロッパ経済利益団体は商事会社である。この商事会社に対しては、補充的に、合名会社法（商法典第一〇五条ないし第一六〇条、および、商法典第一〇五条第三項を介し、民法典第七〇五条以下の民法上の会社（ＧｂＲ）に関する法）が適用されている。

ヨーロッパ経済利益団体規則第一条第一項によれば、ヨーロッパ経済利益団体を設立するには、設立契約の締結と本拠地国で実施されている登記簿への登記が必要である。登記が行われることで、ヨーロッパ経済利益団体は独立した権利義務主体となり、当事者能力を有する。「EWIV」という略号か「Europäische Wirtschaftliche Interessenvereinigung」という全部表記かの違いは別として、ヨーロッパ経済利益団体という表示がその商号中に含まれていなければならない。(93) ヨーロッパ経済利益団体規則第二〇条第一項によれば、ヨーロッパ経済利益団体を代表する者はその事業執行者である。複数の事業執行者がいる場合、各自がそれぞれ代表権を有する。代表権に対する制限を第三者に対して有効とするためには、そうした制限を商業登記簿に登記する必要がある。ヨーロッパ経済利益団体規則第一六条第二項によると、ヨーロッパ経済利益団体における意思形成は構成員による議決を通じて行われる。構成員の地位の交代は、持ち分の譲渡（ヨーロッパ経済利益団体規則第二二条）、新構成員の受入れ（ヨーロッパ経済利益団体規則第二六条）、構成員の排除（ヨーロッパ経済利益団体規則第二七条以下）、これらにより行うことができる。ヨーロッパ経済利益団体の解散および清算は、ヨーロッパ経済利益団体規則第三一条、第三二条および第三五条、ヨーロッパ経済利益団体施行法第一〇条、ならびに、商法典第一四五条以下の諸規定に従って行われる。

二〇〇九年末現在の状況をみると、ヨーロッパ全域で一六七〇社のヨーロッパ経済利益団体が設立され、そのうちの二四二社がドイツで設立されていた。統計によると、三五二社がベルギーで設立されているが、このことは、ヨーロッパ経済利益団体という団体形式がベルギーでいかに重視されているか、すなわち、それらがヨーロッパ規模でのロビイスト団体の道具として使われているかという点を証明している。(94) その結果、ヨーロッパ経済利益団体規則第三条第二項および第二三条に定められている、禁止条項を設けて団体の目的を制限することだけでなく、このような団体形式が有する伝播力や魅力に対しても制限が加えられている。その結果、ヨーロッパ経済利益団体は、直接にも間接にも、構成員の固有の活動または他の企業の活動に関して指揮権や管理権を行使してはならず（コンツェルン指揮の禁止、ヨーロッパ経済利益団体規則第三条第二項a号）、形式の如何を問わず構成員たる企業の株式や持ち分を持つことも認められず（保持の禁止、ヨーロッパ経済利益団体規則第三条第二項b号）、雇用する従業員も五〇〇人を超えてはならない（従業員数の禁止、ヨーロッパ経済利益団体規則第三条第二項c号）。その種の法律行為が、ヨーロッパ経済団体の構成員について適用される、加盟諸国の法律に従えば、構成員たる企業の経営者やこれと結び付きのある者に対して貸付を行ったり、これに類似した行為をしたりすることが、制限されたり規制されたりしている場合、構成員たる企業の経営者やこれと結び付きのある者に貸付を行ったり、これに類似した行為をしたりすることは許されない（信用供与の禁止、ヨーロッパ経済利益団体規則第三条第二項d号）。ヨーロッパ経済利益団体は、他のヨーロッパ経済利益団体の構成員であってはならず（参加の禁止、ヨーロッパ経済利益団体規則第三条第二項e号）、資本市場を公式に利用することも認められない（資本市場の禁止、ヨーロッパ経済利益団体規則第二三条）。提携が行われる場合には、EU機能条約第一〇一条第一項のもとでの競争制限的合意・行動態様の禁止も考慮されなければならない。というのは、ヨーロッパ経済利益団体という法形式を選択しても、そのことによって、カルテル禁止に対する一般的な適用除外がもたらされるわけではないからである。

ヨーロッパ経済利益団体をその他の団体形式と比べたときにどのような長所が見出されるかという点についてみると、ヨーロッパ経済利益団体には、設立の過程がさほど複雑でないこと、そして資本金の要件もないこと、これらの長所があることが分かる。逆に、ヨーロッパ経済団体規則第二四条によれば、ヨーロッパ経済利益団体の場合、債務に関する構成員の無限連帯責任が、すなわち、商法典第一二八条による付従的責任（akzessorische Haftung）が認められている。ヨーロッパ経済利益団体には営業税についても法人税についても納税義務がないため、準備金を蓄えることができる。作成すべき帳簿も、通例、単純な収入額の計算、余剰額の計算、そして年度末決算、これらに限定されている。国際的提携に対する制限はヨーロッパ経済利益団体規則第四条第一項から引き出される—同項によれば、ヨーロッパ経済利益団体の構成員となる資格があるのは、加盟国の自然人および法人だけである。第三国出身のパートナーは、すべて同等の地位を有する構成員としてではなく、単に連携する構成員としてのみ受け入れられているにすぎない。

2　ヨーロッパ会社（ＳＥ）

国境を超える団体形式の中で実務上最も重要な役割を果たしているのは、今のところ、「ヨーロッパ会社（Societas Europaea - SE）[95]」、つまり、いわゆるヨーロッパ株式会社である[96]。ヨーロッパ会社は、規則二〇〇一年第二一五七号[97]により、固有の態様を有する（sui generis）ヨーロッパ会社として創設された。その目的は、出所を複数の加盟国に有する会社に対して、それら複数の加盟国の会社法のもとで法的および事実的な強制を受けることなく、持ち株会社や共同子会社を設立できるようにするという点にある。この規則は、従業員参加に関する指令二〇〇一年第八六号[98]を通じて補充されている（ヨーロッパ会社規則第一条第四項）。ヨーロッパ会社規則第九条によれば、ヨーロッパ会社の法的枠組みは、この規則それ自体、同規則に添った定款、そして補充的に、ヨーロッパ会社および株式会社に関する各本拠地国の法規、これらによって形成されている[99]。ドイツの場合、これに該当するのは、特に、ヨーロッパ会社施行法の会社法関係規定[100]、従業員の共同決定に関するヨーロッパ会社参加法[101]、そして一般に、株式会社につき適用されている諸規定、これらである。

ヨーロッパ会社は法人であり、登記簿への登録（ドイツの場合、商業登記簿への登録、ヨーロッパ会社施行法第三条[102]）をもって権利能力を取得する（ヨーロッパ会社規則第Ⅲ条、第一六条）。資本金は株式という単位に細分化され、少なくとも一二万ユーロという最小資本金を満たしていなければならない（ヨーロッパ会社規則第一条第二項、第四条第二項）。資本の調達・維持については、ヨーロッパ会社規則第五条で、国内法への総括的指定が行われている[103]。それゆえ、現物出資の適法性如何、また自己株式の取得如何といった問題は、ドイツ法によって判断される。ヨーロッパ会社の社員は、ヨーロッパ会社規則第一条第二項第一文に基づき、社員が出資額として示した資本金額を限度として責任を負う。法人格が否認されるか否か、資本の代わりとなる社員の借款をどのように取り扱うかといった問題は、ヨーロッパ会社規則第九条第一項c号に基づき、本拠地国の国内法に従って判断される。登記簿への登録がなされるまでは、当該行動を行う者が、ヨーロッパ会社規則第一六条第二項により無限責任かつ連帯責任を負う。

設立の形式に関しては、ヨーロッパ会社規則第二条により、次の四つが挙げられている。そのいずれも、ヨーロッパ連合の二つ以上の加盟国と国際的関連性を有するという共通点がある。

―合併による設立（第一条）

―持ち株会社としてヨーロッパ会社を設けることによる創設（第二条）

―共同子会社としてヨーロッパ会社を設けるという形式での設立（第三条）および

―国内法上の株式会社の転換による設立（第四条）。

上記のうち、合併が、複数の加盟国の株式会社に限って認められている（ヨーロッパ会社規則第一七条ないし第三一条、ヨーロッパ会社施行法第五条以下）形式であるのに対し、どの株式会社および有限責任会社にも、――それらのうち少なくとも二つの会社が別々の加盟国法に服しているとき、または、子会社もしくは営業所を他の加盟国に有しているときに限るが――、持ち株会社としてヨーロッパ会社を設立する道が開かれている（ヨーロッパ会社規則第三二条ないし第三四条、ヨーロッパ会社施行法第九条ないし第一一条）[104]。これと同じことは、公法上または私法上の法人が行う、共同子会社形式でのヨーロッパ会社の設立についてもあてはまる（ヨーロッパ会社規則第三五条および第三六条）。国内株式会社の形式を変更するという形式でヨーロッパ会社を設立するときは、当該国内株式会社が少なくとも二年以上他の加盟国に子会社を有することが要件とされている。このほか、ヨーロッパ会社設置の可能性として、ヨーロッパ会社規則第三条第二項には、既存のヨーロッパ会社がみずから子会社としてヨーロッパ会社を設立するという方法が定められている。ヨーロッパ会社規則第七条によれば、ヨーロッパ会社の本拠は共同体内に、しかも主たる管理機関が所在する加盟国に置かれていなければならない。このようなやり方で、「郵便受け用としてのヨーロッパ会社（Briefkasten-SE）」を設立する試みは排除されている[105]。さらに、ヨーロッパ会社施行法第二条が規定する通り、「ドイツに所在する」ヨーロッパ会社はその本拠と主たる管理機関とを同一の地に置かなければならない。そうは言っても、ヨーロッパ会社規則第八条のもとで、ヨーロッパ会社は、解散や新規設立を行うことなく、いつでも他の加盟国に本拠を移転することができる[106]。

ヨーロッパ会社の定款に定められている機関は、一方では、株主総会であり、他方では、指揮機関と監査機関（Aufsichtsorgan）との二元制（dualistisches System）か、統一的管理機関という一元制（monistisches System）か、のいずれかの機関である（ヨーロッパ会社規則第三八条参照）[107]。二元制[108]（ヨーロッパ会社規則第三九条ないし第四二条、ヨーロッパ会社施行法第一五条ないし第一九条）――この制度は広範囲にわたって株式法第七六条以下の株式法上の諸規定に対応している――のもとでは、指揮機関がヨーロッパ会社の業務につき固有の責任を負う。指揮機関の構成員は、裁判上も裁判外でもヨーロッパ会社を代表する。その構成員は監査機関により選任され、解任される。監査機関は指揮機関が行う事業執行を監督する。その構成員は総会により選任される。指揮機関・監査機関の構成員数と編成はヨーロッパ会社施行法第一六条および第一七条に規定されている。一元制[109]（ヨーロッパ会社規則第四三条ないし第四五条、ヨーロッパ会社施行法第二〇条ないし第四九条）の場合、ヨーロッパ会社の業務は、管理機関（「管理委員会（Verwaltungsrat）」、ヨーロッパ会社施行法第二〇条）により執行され、管理機関の構成員が裁判上および裁判外の代表権を有する。内部組織および管理委員会の権能はヨーロッパ会社施行法第二二条以下に具体的に規定されている。機関の責任については、ヨーロッパ会社規則第五一条により加盟国の国内法が適用され、ドイツの場合、株式法第九三条、第一一六条が適用される。

総会の組織、進行、投票手続、これらについては、ヨーロッパ会社規則第五二条ないし第六〇条に規定されている[110]。補充的に適用されるのが、そのつどの本拠地国の株式法である。定款の変更は総会の権限下に置かれている。その際、資本金の変更とか転換社債・オプションの導入とかといった細目は、もっぱら国内法のみに服する。定款に定めるべき最低限の事項は、ヨーロッパ規模ではすでに団体法指令により形成されている。解散、清算、支払い不能、支払い停止といった問題に関しては、ヨーロッパ会社規則第六三条により、引き続き国内法が適用される。ヨーロッパ会社が作成する年度末決算書の項目は、収支決算、利潤、損失、年度末決算書付録、取引と会社状況に関する報告書、これらの部分から成る。ヨーロッパ会社を税務上どのように取り扱うかという点の調整は、これまでのところ、行われていない。ヨーロッパ会社は、各国の税務規定のうち、会社および従たる営業所の次元で適用されているものに服する。この結果、ヨーロッパ会社は、事業所を有する加盟国において納税義務を負う。

従業員の参加に関して、ヨーロッパ会社指令は、通知とヒアリングという形態での経営的共同決定（betriebliche Mitbestimmung、ヨーロッパ会社指令第二条i号およびj号）と企業的共同決定（unternehmerische Mitbestimmung、ヨーロッパ会社指令第二条k号）とを区別している。(11) それぞれの形成につき、ヨーロッパ会社を設立する既存会社の指揮機関ないし管理機関と従業員との間で「ヨーロッパ会社における従業員の参加に関する合意」を締結することが最優先事項として規定されている。労働者側に関しては、ヨーロッパ会社指令第三条により、特別の交渉委員会が労働者のために有利になるよう代替機関として登場する場合がある（「交渉手続（Verhandlungsverfahren）」）。ヨーロッパ会社指令第五条に規定された六か月ないし一二か月という期間内に当事者間での合意が得られない場合、ヨーロッパ会社指令第七条により、受け皿規定（Auffangregelung）が適用される。この受け皿規定は、ヨーロッパ会社指令の別表で詳しく定められている。それによれば、「経営の次元（betriebliche Ebene）で」従業員を代表する機関が設けられなければならない。そして、この機関がヨーロッパ会社の代表機関に対して包括的な通知・ヒアリングの権利を有する。当事者双方が監査機関や管理機関における「企業的」共同決定について合意できない場合、ヨーロッパ会社指令第七条第二項所定の諸要件の下で、ヨーロッパ会社指令別表第三部に基づき、受け皿規定が適用されなければならない。ヨーロッパ会社指令中に規定された共同決定モデルを採用することは、ヨーロッパ会社を設立するための必須の要件とされている。また、従業員代表に対しては、職務遂行上必要とされる空間的スペース、資金的・物質的手段、その他の補助手段、これらが提供されなければならない。

3　ヨーロッパ協同組合（ＳＣＥ）

協同組合は、独立かつ任意の人的集合であり、共有のかたちで現れかつ民主的に運営される行動を介し、経済的・社会的・文化的な共通の利益・必要性を満たすために用いられる制度である。協同組合が有するこうした特殊性を考えると、協同組合が掲げる目的を国際的規模で実現するためには、ヨーロッパ全域に亘って等しく通用する固有の法形式が必要となる。こうした事情から、ヨーロッパ協同組合規約に関する規則二〇〇三年第一四三五号[112]をもって、ヨーロッパ協同組合（Europäische Genossenschaft - SCE）が創設された[113]。

この規則は、ヨーロッパ協同組合規則第一条第六項により、従業員参加のための指令二〇〇三年第七二号を通じて、補充されている[114]。これらの規定を通じて、ヨーロッパ協同組合（EuGen または SCE—Societas Cooperativa Europea）が創設されることとなったが、それでも、参加企業の下で従来行なわれてきた従業員参加が廃止されたり制限されたりすることはないという点が保障されている。ドイツ法の場合、第二次法上の諸規定と並んで、特に施行法（ＳＣＥＡＧ）と共同決定指令国内法化のための参加法（ＳＣＥＢＧ）が定められている。これらの法によって、少なくとも二つの加盟国に住所や本拠を有する自然人や法人がヨーロッパ協同組合を創設できるようになっている。このほか、ヨーロッパ協同組合規則第二条第一項のもとで、ヨーロッパ協同組合という団体形式を用いることにより、加盟国を異にする協同組合間で合併することができるようになり、また、本拠を有する国だけでなく他の加盟国でも活動する一国の協同組合をヨーロッパ協同組合へと転換することが可能となっている。

ヨーロッパ協同組合は、ヨーロッパ協同組合規則第一条により、固有の法人格を有する。その資本金は事業持ち分のかたちで分割されている。ヨーロッパ協同組合施行法第三条によれば、ドイツに本拠を有する協同組合がドイツで法人格を取得するための要件として、ヨーロッパ協同組合規則第一一条、第一二条および第一八条と調和するよう、協同組合登録簿へ登録することが必要とされている。(117) 協同組合の構成員数や資本金を変更することは認められており、最小資本金は三〇、〇〇〇ユーロとされている。ヨーロッパ協同組合の目的は、他の協同組合の目的と変わらず、構成員の経済的および／または社会的な活動の奨励、社員の必要性の充足、これらにある（ヨーロッパ協同組合規則第一条第三項）。構成員が負うべき責任の範囲は、原則として、払い込まれた事業持ち分額に限定されているが、定款でこれと異なる趣旨の規定を設けることもできる。ヨーロッパ協同組合の定款はヨーロッパ協同組合規則第五条第一項の諸要件を必ず満たしていなければならず、特に商号表示の記載（「SCE」という付加部分を有すること、そして、場合によっては「有限責任（mit beschränkter Haftung）」という付加部分を有すること）、協同組合の目的、創設メンバー、資本金、諸機関、議決、メンバーの権利、これらがそこに含まれていなければならない。ヨーロッパ協同組合の本拠は常に、主たる管理機関が所在する加盟国に置かれていなければならない（ヨーロッパ協同組合規則第六条）。ヨーロッパ協同組合規則第七条によれば、定款上の本拠をいずれか他の構成員所属国に移転することもできる。

ヨーロッパ協同組合の組織構造がどのようになっているかという点をみると、広範囲に亘り、ヨーロッパ会社との間で対応性がみられる。ドイツ法（協同組合法第九条第二項第一号参照）におけるのとは異なり、ヨーロッパ協同組合の場合、代表権を自己の構成員に帰属させるという考え方（Selbstarganschaft、ドイツ会社法上の概念。人的会社において会社を代表する代表権の社員への帰属を必要とするという原則）を採用することは、絶対的な条件とはされていない。[118] ヨーロッパ協同組合規則第三六条a号で最初に規定されているのが総会である。総会は、少なくとも年に一度、事業年度の終了時から起算して六か月以内に招集されなければならない（ヨーロッパ協同組合規則第五四条第一項参照）。総会での意思決定にあたり、構成員、および、ヨーロッパ協同組合規則第五九条第一項に定められた諸要件の下に登場する従業員代表は、それぞれ原則として一票を有する（頭数原則）。ヨーロッパ協同組合規則第六三条によれば、大規模共同組合の定款では、分野別集会や部門別集会を定めることができるとされている。

総会と並んで、ヨーロッパ協同組合は、ヨーロッパ協同組合規則第三六条b号により、監査機関と指揮機関との二機関制（二元制）または管理機関のみ（一元制）、のいずれかを選ぶことができる。二元制のもとでは、指揮機関がヨーロッパ協同組合の業務を執行し、対外的に代表する（ヨーロッパ協同組合規則第三七条第一項および第四七条）。監査機関に課された責務は、指揮機関メンバーの選任および解任、それに業務執行の監督である。指揮機関は監査機関に対し少なくとも三か月ごとに事業の経過について通知する（ヨーロッパ協同組合規則第四〇条第一項）。指揮機関の構成員は総会により選任され、解任される。ヨーロッパ協同組合施行法第一四条および第一五条によれば、指揮機関は少なくとも二名、監査機関は少なくとも三名で構成される。これに対して、一元制では一つの管理機関（管理委員会、ヨーロッパ協同組合施行法第一七条第一項）しか存在しないところから、この管理機関により業務が執行され、対外的に代表される(ヨーロッパ協同組合施行法第四二条第一項および第四七条)。管理機関の構成員は総会により選任される。この場合、ヨーロッパ協同組合施行法第一九条第一項によれば、少なくとも五名、ヨーロッパ協同組合の構成員が二〇名までの場合には少なくとも三名が必要とされている。管理機関は、事業の経過について審議するため、定期的に、少なくとも三か月ごとに招集される(ヨーロッパ協同組合規則第四三条第一項)。

ヨーロッパ協同組合の解散は、ヨーロッパ協同組合規則第七二条以下に従い、総会の決議または裁判所の決定により行われる。ヨーロッパ協同組合規則第七六条によれば、ヨーロッパ協同組合は、解散しなくても、国内の協同組合に転換されることができる。

4 ヨーロッパ民事会社(SPE)

ヨーロッパでは、これまで採用されてきた団体形式に飽き足らず、新しい形式の団体を求める要請がますます強まってきている。そうした動きのうち、具体的に考えられている計画の一つがヨーロッパ民事会社(Europäische Privatgesellschaft - EPG または、慣用の表現では、Societas Privata Europaea - SPE)の創設である(119)。ヨーロッパ民事会社は、有限責任会社に対応する中小の企業に対し、国際的活動を容易にするものであって、ヨーロッパ会社を補充する意味を有する。ヨーロッパ議会は二〇〇七年二月一日にヨーロッパ民事会社規約についての発議報告書を採択し、ヨーロッパ民事会社規約に関する立法提案書を提出するよう、ヨーロッパ委員会に要請した。ヨーロッパ議会がその折りに作成した一一件の勧告では、とりわけ企業形式に関する共同体法の形成、創設の態様、資本金、事業執行者の責任、年度末決算書、解散、清算、倒産、支払停止、これらが取り上げられている。この規約は、このほかにも、国内会社をヨーロッパ民事会社へ転換する可能性と見本定款を定めている。この新しい団体形式が採用されても、これまでに行なわれてきた従業員の共同参加権は、侵害されてはならない。ヨーロッパ委員会は、ヨーロッパ議会の要請に応じて、二〇〇八年六月、ヨーロッパ民事会社規約に関するヨーロッパ理事会規則のための提案を提出した(120)。

ヨーロッパ民事会社は、有限責任を認める新しい種類のヨーロッパ資本会社として導入されるべきである。ヨーロッパ民事会社は、社員の範囲が制限されているという点で、特徴を有する。ヨーロッパ会社を補充するものとして、ヨーロッパ民事会社は、特に中小企業に対し国際的活動を容易にすることとなろう。ヨーロッパ民事会社は、ヨーロッパ連合域内で広範囲にわたる統一原則に従って(子)会社を設立する可能性を付与している。このような「ヨーロッパ有限責任会社(Europa-GmbH)」という形式に対しては、相当長期に亘って、少なくとも数字の上では、ヨーロッパ会社よりも本質的に大きな意味が与えられてきている。というのは、ヨーロッパ連合内にある全企業の九九パーセントを中小企業が占め、民間経済における職場の七〇パーセントが中小企業によって提供されているからである。これに対して、中小企業が行ってきた国際的活動はわずか八パーセントでしかなく、中小企業が有する外国子会社または共同体企業は五パーセントのみであることが示されている。ヨーロッパ委員会が意図しているように、中小企業が将来においてヨーロッパ連合内のどの国でもまったく同じ法的基盤を持つようになれば、それにより、中小企業のために用いられてきた巨額の費用を節約することができることとなろう。KPMG(オランダに本部を有する世界四大会計事務所の一つ)の研究によれば、ヨーロッパ委員会は、右の草案において、ヨーロッパ連合に属する五か国にサーヴィスおよび販売を行う子会社を設立する際の費用を、設立費用四五、〇〇〇ユーロ、これに加算される年度ごとの必要経費を一六、五〇〇ユーロと見積もっている。迅速かつ弾力的に新規の設立が行われ、解散も新規設立もせずに登録上の法人住所を国境を超えて移転することができるようになれば、こうした金額の八〇パーセントが節約されるものと見込まれる。

(1) 発　展

ヨーロッパ民事会社の創設という考えは、非公式の規則提案がパリ商工業会議所に提出された一九八八年まで遡る。しかし、その実現可能性を最初に予測したのは、二〇〇三年にヨーロッパ委員会が策定した「ヨーロッパ連合内における団体法の現代化とコーポレート・ガヴァナンスの改善」というアクション・プランであった。このプランは二〇〇五年に提出された後、二〇〇七年の公聴会、そして二〇〇八年三月のヨーロッパ民事会社に関する会議を経て、最終的に二〇〇八年六月に、そのうちのヨーロッパ「小規模ビジネス法」という部分のみが規則案として提出された。この規則案は、とりわけドイツで、批判の的となった。留保が検討されたのは、とりわけ、透明性と法的安定性に関する、いわゆる「アングロサクソン型」の構成についてであった。このアングロサクソン型の案では、確かに、選択の自由が大きいという長所が誰によっても認められている。これに対して、少数者や債権者をどのように保護するかという点に関する判断はドイツの考え方とは大きく異なっている。遺憾ながら、ヨーロッパ民事会社が「法律上当然に」、それゆえ多数の国の各要件を備えていなくても、創設されることができるか否かという中心的な論点に関する限り、今日、一致を見出すことはできていない。さまざまな変更を経た後、二〇〇九年三月に提出されたヨーロッパ委員会のこの提案に対して今後ヨーロッパ議会が同意することが見込まれるとしても、現時点では、いつまでにそれが実現するか、立法手続の終わりを見通すことはできない。すでに二〇〇九年四月に、当時ヨーロッパ理事会議長を務めていたチェコから、非公式の妥協案が出されていたが、しかし、この案はそれ以上取り上げられなかった。現在では、二〇〇九年一一月に入ってから今度は議長国たるスウェーデンからもう一つの妥協案が提出されている(121)状況にある。

この計画が――今年(二〇一〇年)中に合意に至るようにという、各方面から寄せられた要望に反して――それ以上には進捗していないため、ヨーロッパ民事会社に関してどのような選択肢を考えるべきかという点をめぐって、新たな問題が提起されるようになっている。ヨーロッパ規模で活動するためには、もともと――結果的には調査のための支出や費用がかかるものであるが――、居住地国においてその地の国内団体法に準拠することが要求されている。さらに、国際コンツェルンの場合、コーポレート・ガヴァナンスの構成を全体に亘って統一して実現することもできない。そうしたことができるのは、せいぜいのところ、外国に居住することを意図して多数の会社をその国にすぐ「輸出する」目的で、コンツェルン中心部がある国に多数の会社を設立しかつ登録することができるような場合だけである。外国で活動する会社のための「郵便受け会社」として国内法上の団体形式を整えて輸出することは、セントロス事件、インスパイア・アート事件、イィーバーゼーリング事件の裁判によれば、確かに原則として適法とされており、また、外国の営業所を有限責任会社として組織する目的で、ドイツ有限責任会社の管理機関の本拠を外国に移転することができるという点も承認されている。これと同様に、ドイツの企業は、外国の団体形式、たとえばLimitedという法形式を用いて、外国に設けた複数の営業所を統一的に組織することもできる。しかし、どの場合にもつねに、実践が可能か否かという問題が、また、これと同様、本国法と活動地法との間でどこに限界がひかれるかという問題が提起されている。

(2) 規律の内容

現時点において、ヨーロッパ民事会社の規律に関して、何が原則とされているのだろうか、そして、どこに法抵触の可能性があるのだろうか。個々の草案や提案において資本市場との距離がたとえ異なって定められているとしても、資本市場との距離が近いとか遠いとかという点はあまり問題にならないであろう。公的な要請が行われていないこと、まして具体的なプランが出されていないこと、こうした事実にヨーロッパ委員会が立脚しようとしているのに対し、ヨーロッパ議会は、少なくとも、すでに提出されている会社従業員に関する要請を適法なものとみなそうとしている。これに対して、チェコの提案では、提案書が一〇〇名以上に送られている場合、公的な要請が行われていることとなる。

しかしながら、躓きの石となるのが、とりわけ、国際的関連性という要件をどのように解釈すべきかという点に関する判断の相違である。ヨーロッパ委員会もヨーロッパ理事会議長国たるチェコもともに、国際的関連性の有無は要件ではないと否定しているが、他方で、ヨーロッパ議会は、少なくとも国際的事業を営むという意図ないしそうした事業目的があるときに限って、ヨーロッパ民事会社の成立を認めるという立場に立っている。それでも、説明の仕方はいろいろあるにせよ、国際的関連性があることだけではまだ十分ではないし、そうした理解は、ヨーロッパ条約第五条第一項第二号に定められたヨーロッパ法上の補充性原則にも添っていないものと考えることができよう。「チェコ」の視点から取り上げられたもう一つの特殊問題として、ヨーロッパ民事会社に関する諸規定は、いわば完璧な規定として、広範囲に亘り、他の規定による補充を要しない、閉ざされた規律体系を成しているとみるべきか否かという点がある。わずか四八か条の条文しか持たないこの規則の外観上の構造――そこには任意規定は含まれておらず、「強行規定として適用するようにという委任方法（obligatorische Regelungsaufträge）」が含まれているだけである――もこうした理解の仕方に賛成することに一役買っている。この場合、誰に規律を委ねるかに関しては規律に欠缺があるため、準拠法の問題が提起される。ヨーロッパ委員会およびヨーロッパ議会は、契約の補充解釈を根拠に契約準拠法の適用を支持するが、チェコの提案は、これと異なり、補充的準拠法として国内法を適用しようとする。

以上の諸点とは異なり、ヨーロッパ民事会社における従業員の共同決定権と国内会社における共同決定権との並行性を確保するという点については、あまり問題はないであろう。そこでは、国際的合併指令に採用された諸原則が受入れられるべきである。ヨーロッパ委員会の提案によれば、国際的合併指令に採用された諸原則を採用することにより、新規設立の場合も、また、登録国への国際的移転や一つまたは複数の現存する会社との間での国際合併による設立の場合も、従業員の権利をめぐる諸問題は本拠地国法に従って判断される。これに対して、ヨーロッパ議会の提案では、共同決定権に関して指揮機関が従業員代表と協議する義務を負う旨、定められている。そうした規律の例外として、共同決定に関して低い基準しか設けていないかまたは共同決定に関する基準をまったく持たないような加盟国に登録上の法人住所が移転される場合、しかも、従業員の少なくとも三分の一が当初の本拠地国で雇用されているような場合には、より高水準の保護が従業員に対して認められなければならないであろう。

ヨーロッパ民事会社という、この新しい団体形式の特徴の一つは、団体設立の可能性が多様化している点にある。

加盟国の法秩序を自由に選択できる結果として、無からの創造（ex nihilo）がなされるように、当該規則に基づいてヨーロッパ民事会社を設立することができるか否かという論点―この論点の存在はヨーロッパ委員会によって肯定されており、少なくとも（ヨーロッパ議会により支持されている点であるが）同規則に基づいてヨーロッパ民事会社を設立するためには、「国際的事業意図ないし団体目的」が必要であると考えられている―が顧慮されていない場合でも、転換、合併、それに分割という事象が登場する。争われているのは、合意の方式如何である。特にドイツ法圏では、たんに書面性の要件を満たすだけでは足りないのではないかという点で重大な疑義が向けられている。ヨーロッパ議会は、設立段階での監督という視点から、次の二つの方法を挙げていた。その一つは、支払能力証明書の提出に加えて、最小資本金一ユーロを調達することである。もう一つのやり方は、最小資本金要件である八、〇〇〇ユーロの拠出という要件を満たすことである。こうした提案でも、資本調達の内容とか資本具備の時点については、まだはっきりしたことは述べられていない。強調されなければならないのが、出資能力についてほとんど制限が設けられておらず、役務も考慮されているという点である。さらに、現物出資の場合、出資された現物の価値が保持されていなければならない旨の規制を設けることは原則として不要とされ、出資調達責任も当該国内法のもとにとどめ置かれている。ドイツの団体法学者からみると、資本維持に関しても、そこにはおかしな状況が生じている。というのは、設立後に団体と社員との間で財産を移転することがすべて認められ、――定款で定められた準備金は留保されているが――債務金額を超える余剰分の資産価値を自由に配分できるようになっているからである。このような事態に対する防護措置として、違法に取得された支払につき、社員の債務から分離された清算責任が、そして、団体に対する事業執行者の損害賠償責任が定められている。

指揮機関に関しても、ヨーロッパ民事会社には特徴がある。ヨーロッパ民事会社の指揮機関については、事業指揮機関と監査役会（Aufsichtsrat）とから構成される二元制モデルと、管理機関構成員のような業務執行機関のメンバーにより担われる一元制モデルとが定められている。定款上定められていない限り、原則として、社員総会に指揮権はない。持ち分所有者の多数決決議に際して特別決議方式が採用されている場合、その形態は少なくとも三分の二の多数決であり、四分の三の多数決ではない。規定がまだ設けられていない諸事項をどのように規律すべきかという点の判断主体が指揮機関であって、社員ではないということも、「習慣となっていなければならない（gewöhnungsbedürftig）」。このほか、清算も法人格の中断や喪失もしないままで、他の加盟国に本拠を移転することができるという点については、争いがない。

(3) 予　測

ヨーロッパ民事会社が来年（二〇一一年）中に実現しているかどうかは、今のところ明らかではない。ヨーロッパ民事会社の導入は、ドイツの有限責任会社にとってのみならず、イギリスの Limited のような、ヨーロッパに広まっている団体形式にとっても、加盟諸国の会社法相互間で真の競争が生まれることを意味しよう。外国との関連性が要件とされていない限り、ヨーロッパ民事会社という団体形式は、すべての企業が利用できるように、開かれている。最小資本金要件を欠くときは、資本調達に関する最小要件を満たさなければならないし、また、社員と指揮機関との関係に関する個々の規律については、弾力的にさまざまな可能性を最大限に選択することができるようになっている。どこまでそうしたやり方を採用することができるかという点に関しては、大企業について適用される、ヨーロッパ的規模で展開されるコンツェルン構造について統一形式として採用されたモデルと同じように、中小企業のために標準化された（販売業に関する）国際的組織構造モデルを考えることができよう。ヨーロッパ民事会社は、国際的な企業再編成の手段としても、用いられるものである。それでも、ヨーロッパ民事会社が将来どのようになるかを予測することは、決して容易ではない。ドイツで現在の政府を構成している連立政権は、確かに、ヨーロッパ民事会社の実現に合意している。しかし、ドイツで二〇〇九年六月に連邦憲法裁判所が下した判決も、加盟諸国の自主性を保護するために、顧慮されなければならないであろう。(122) この判決では、三分の二をもって特別決議とする旨、ドイツ連邦議会で議決することが求められているが、このことは、関係者が多様な思惑を働かせる新たな契機となっている。

5　ヨーロッパ法におけるその他の団体形式

これらすでに法律上存在している団体形式のほかにも、ヨーロッパ全域に亘って、その他の超国家的な団体形式を創設することが考えられている。どの団体形式にも共通するのが、本拠が共同体内にあること、加盟国登記簿への登録によって成立すること、そして―ヨーロッパ民事会社という例外はあるが――国際的要素を持っていること、これらである。それゆえ、一名または複数の発起人は、少なくとも二つの加盟国への結び付きを示していなければならず、団体は、実効性をもってかつ事実上も、諸国にまたがる活動を行うものでなければならない。

すでに提案の段階にあるが、ヨーロッパ社団規約に関する規則[123]、そして、従業員の役割に関する補充指令[124]、これらが公表されている。これらの規則が掲げた目標は、ヨーロッパ規約を導入することによって、共同体の領域で活動することを社団および財団に許すとともに、これらに適切な法的手段を提供する点にあった。同規則提案によれば、ヨーロッパ社団（Europäischer Verein - EuV）という団体形式は、構成員がその知識や活動を公共目的のために、またはその分野および／または職業上の利益の直接的もしくは間接的な促進のために統合するものである。ヨーロッパ社団規約を作成するためのヨーロッパ委員会第一次提案は、時期的にみると、一九九一年に遡る。ヨーロッパ議会が一九九九年にこの提案を確認した後、立法手続ではそれ以上の進展はみられず、ヨーロッパ委員会も、より良き立法のための発議を行うべく、この規則提案を取り下げている[125]。

(1) ヨーロッパ社団（ＥｕＶ）

(2) ヨーロッパ相互会社（ＭＥ）

これと同様に、ヨーロッパ相互会社規約に関するヨーロッパ理事会規則のための提案[126]、および、従業員の役割に関する補充指令のための提案[127]も撤回されている[128]。ヨーロッパ相互会社（Europäische Gegenseitigkeitsgesellschaft - ME）として計画されていたのは、人的結合のうち、その構成員に対し、分担金の支払いと引き換えに、定款に従った活動の枠内で生じる債務の完全な清算を保障するものであった。こうした活動には、特に社会的な救護、保険、健康分野での補助、信用供与、これらが含まれている。

(3) ヨーロッパ財団

ヨーロッパにおける改革論議では、ヨーロッパ財団（Europäische Stiftung）も繰り返し取り上げられていた。[129] しかし、ヨーロッパ財団のための独自の規約提案はまだ提出されていない。ヨーロッパ社団規約――そこでは、経済的な面から社団と財団とが区別されている――に関する規則提案の取り下げが示している通り、この計画は、もはやヨーロッパでは、実際にも、議事日程に入れられていない。しかし、中期的にみると、私法上の他のさまざまな団体形式に対してどれだけ需要があるかという点が、前もって検討されるべきであろう。その際には、ヨーロッパ財団の創設に関する継続的検討も、外部への委託研究により、考慮されるべきである。しかしながら、経済活動に従事しない社団および財団についてみると、ヨーロッパの規律権限は否定され、各国独自の判断に委ねられなければならない。というのは、そうした活動は、地域的特性を反映するという意味で統一になじまない社会や文化の領域に関わることだからである。

(91) ABl. EG 1985 Nr. L 199/1.
(92) BGBl. I 1988, 514.
(93) EuGH, Urt. v. 18.12.1997, Rs. C-402/96, Slg. 1997, I-7515 = NJW 1998, 972 - *"EWIV"*.
(94) 参照されるのは、ヨーロッパ研究所有限責任会社（Europäisches Institut GmbH）が運営しているサイト Libertas Instituts (http://www.libertas-institut.com/de/EWIV/statistik.pdf（基準時―二〇一〇年初））における記事である。

(95) この点について概観するものとして、*Braun*, Die Europäische Aktiengesellschaft: nach Inspire Art - bereits ein Auslaufmodell?, Jura 2005, 150; *Hirte*, Die Europäische Aktiengesellschaft, NZG 2002, 1; *Lingl*, Die Europäische Aktiengesellschaft - Societas Europaea (SE), Jura 2006, 304; *Lutter/Hommelhoff* (Hrsg.), Die Europäische Gesellschaft, 2005; *van Hulle/Maul/Drinhausen*, Handbuch zur Europäischen Gesellschaft (SE), 2007がある。

(96) どのような団体形式を優先的に選択するかに関する動機づけについて概観を示しているのが、*Eidenmüller/Engert/Hornuf*, AG 2009, 845である。

(97) ABl. EG 2001 Nr. L 294/1.

(98) ABl. EG 2001 Nr. L 294/22.

(99) これについては、Lutter/*Hommelhoff*, Die europäische Gesellschaft, S. 5 ff.; *Wagner*, NZG 2002, 985. *Nagel*, NZG 2004, 833. ヨーロッパ会社という団体形式を導入するために各加盟国が公布する規則等について参照されるのは、Oplustil/Teichmann, The European Company - all over Europe, 2004である。

(100) BGBl. I 2004, 3675.

(101) BGBl. I 2004, 3675.

(102) ヨーロッパ会社のドイツにおける登記については、Lutter/Hommelhoff/*Kleindiek*, Die europäische Gesellschaft, S. 95 ff.

(103) これについては、Lutter/Hommelhoff/*Fleischer*, Die europäische Gesellschaft, S. 169 ff.

(104) ドイツに本拠を有するヨーロッパ会社を設立することについて一般的には、Lutter/Hommelhoff/*Bayer*, Die europäische Gesellschaft, S. 25 ff.; van Hulle/Maul/*Drinhausen*, Handbuch zur Europäischen Gesellschaft (SE), 4. Abschnitt.

(105) MüKoBGB/*Kindler*, IntGesR Rn. 68; a.A. Hirte, NZG 2002, 1, 4.

(106) これについては、Oechsler, AG 2005, 373.

(107) 定款の作成については、Lutter/Hommelhoff/*Seibt*, Die europäische Gesellschaft, S. 67 ff.

(108) Van Hulle/Maul/*Drinhausen*, Handbuch zur Europäischen Gesellschaft (SE), S. 122 ff.

(109) Lutter/Hommelhoff/*Teichmann*, Die europäische Gesellschaft, S. 195 ff.; van Hulle/Maul/*Drinhausen*, Handbuch zur Europäischen Gesellschaft (SE), S. 132 ff.

(110) Lutter/Hommelhoff/*Spindler*, Die europäische Gesellschaft, S. 223 ff.; van Hulle/*Maul*/Drinhausen, Handbuch zur Europäischen Gesellschaft (SE), S. 148 ff.

(111) Lutter/Hommelhoff/*Oetker*, Die europäische Gesellschaft, S. 277 ff.
(112) 概要については、*Schulze*, Die Europäische Genossenschaft (SCE), NZG 2004, 792.
(113) ABl. EU 2003 Nr. L 207/1.
(114) Richtlinie Nr. 2003/72/EG vom 22.7.2003 zur Ergänzung des Statuts der Europäischen Genossenschaft hinsichtlich der Beteiligung der Arbeitnehmer, ABl. EU 2003 Nr. L 207/25.
(115) BGBl. I 2006, 1911.
(116) BGBl. I 2006, 1911, 1917.
(117) *Habersack*, Europäisches Gesellschaftsrecht, § 13 Rn. 10; Schulze, NZG 2004, 792, 794.
(118) *Schulze*, NZG 2004, 792, 795.
(119) 包括的な内容を有する論文のうちで、参照されるのは、*Anzinger*, Die Europäische Privatgesellschaft - vom Vollstatut zum tragfähigen Kompromiss, BB 2009, 2606; *de Enrice/Gaude*, Societas Privata Europaea - Unternehmensleitung und Haftung, DStR 2009, 857; *Ehricke*, Konzeptionelle Probleme der Europäischen Privatgesellschaft, KSzW 2010, 6; *Freudenberg*, Mindestkapital und Gründungshaftung in der SPE nach dem schwedischen Kompromissentwurf, NZG 2010, 527; *Greulich*, Neues zum Gläubigerschutz bei der Societas Privata Europaea, Der Konzern 2009, 229; *Hennrichs*, Kapitalschutz bei GmbH, UG (haftungsbeschränkt) und SPE, NZG 2009, 921; *Hommelhoff/Teichmann*, Die SPE vor dem Gipfelsturm – zum Kompromissvorschlag der schwedischen EU-Ratspräsidentschaft, GmbHR 2010, 337; *Jung*, Die "schwedische" Societas Privata Eurpaea, BB 2010, 1233、これらのみである。この点とその後現在までの展開について参照されるものとしては、*Teichmann* が運営しているインターネット・サイト http://www.europeanprivatecompany.eu. もある。
(120) KOM(08) 396 endg.; インターネットに関しては、以下のアドレス参照：http://eurlex.europa.eu/LexUriServ/LexUriServ.do?uri=CELEX:52008PC0396:DE:HTML; これについてさらに手掛かりになるものとして、*Hommelhoff/Teichmann*, GmbHR 2008, 897; Peters/Wüllrich, NZG 2008, 807.
(121) http://www.europeanprivatecompany.eu/legal_texts/download/Rat-November09-de.pdf.
(122) Urt. v. 30.06.2009 - 2 BVE 2/08, BVerfGE 123, 267= NJW 2009, 2267.
(123) KOM(91) 273 endg., ABl. EG 1992 Nr. C 99/1 および KOM(93) 252 endg., ABl. EG 1993 Nr. C 236/1.
(124) KOM(91) 273 endg., ABl. EG 1992 Nr. C 99/14 sowie KOM(93) 252 endg., ABl. EG 1993 Nr. C 236/14.

(125) ABl. EU 2006 Nr. C 64/3.
(126) KOM(91) 273 endg., ABl. EG 1992 Nr. C 99/40 および KOM(93) 252 endg., ABl. EG 1993 Nr. C 236/40.
(127) KOM(91) 273 endg., ABl. EG 1992 Nr. C 99/57 および KOM(93) 252 endg., ABl. EG 1993 Nr. C 236/56.
(128) ABl. EU 2006 Nr. C 64/3.
(129) これについては、Hopt/Walz/u.a. (Hrsg.), The European Foundation, 2006; *Hopt*, EuZW 2006, 161.

Ⅵ　ヨーロッパ団体法の展望

団体法の調和に関する活動は、今後も、つねにヨーロッパ条約第五条第一項第二文の補充性原則を遵守して行われなければならない。特に、妥協の余地があること自体が、場合によって行われる立法計画にとって、大きな障害となっている。それゆえ、ヨーロッパ団体法を、個々の事項に分けて、さらに発展させるというやり方が、今後は、むしろ、推奨されるべきであろう。近い将来を予測すると、諸国の法制を調整する重要な計画も、その他の超国家的団体形式の創設も、推進される見込みはさほどない。より良き立法のための発議――こうした発議は、一般に、ヨーロッパ域内市場における諸法規の簡素化を目指している――の枠内で、団体法に関しては、すでにさまざまな改正が国内法化されているほか、超国家的な法源に基づく団体形式のためのいくつかの提案はすでに撤回されてしまっている。(130) ヨーロッパにおける改正の動きにとって特別の重要性が認められたのは、最近では、ヨーロッパ委員会によって二〇〇三年五月二一日に提出された「ヨーロッパ連合における会社法の現代化およびコーポレート・ガヴァナンスの改善のためのアクション・プラン」であった。(131) このアクション・プランが掲げた中心的な政策目標は、一方では、株主権の強化と従業員保護の改善であり、他方では、企業の実効性および競争能力の促進であった。

　このアクション・プランは全部で二四件の措置を取り上げていた。それらを実現すべく、ヨーロッパ委員会はヨーロッパ・コーポレート・ガヴァナンス・フォーラムを設け、コーポレート・ガヴァナンスと団体法の分野における措置を仕上げるにあたり、同フォーラムに対して技術的な個別問題につき助言する専門家委員会を設置した。ここにいうコーポレート・ガヴァナンスには、「企業において優秀でかつ責任感に満ちた指揮・監督を行うための国際的および国内的な種々の価値および原則」も概ね含まれる。ヨーロッパ委員会は、共通する複数の基本原則、そして、諸国のコーポレート・ガヴァナンスに関する規律のしかるべき調整、これらを達成することを意図していた。そこでの重点は、上場企業が毎年コーポレート・ガヴァナンスについて対外的に公表する制度を導入すること、そして株主権を強化しかつヨーロッパ規模で株主権の行使を保障するような制定法の枠組みを創設すること、これらにあった。このことは、指揮機関および管理機関の現代化についての複数の勧告を通じて補充されている。ヨーロッパ委員会は、この分野で、監査役会メンバーおよび業務執行に従事しない取締役の責務についての勧告[132]、ならびに、企業経営者の報酬についての勧告を出している[133]。最終監査の質と公認会計士の独立性を強化する、二〇〇六年五月一七日の指令二〇〇六年第四三号[134]もこれに関連する。このほか、二〇〇六年九月六日の指令二〇〇六年第六八号[135]をもって、資本の維持・変更のための諸規定が簡素化され、そして、二〇〇五年一〇月二六日の指令二〇〇五年第五六号（国際的合併指令）[136]をもって、国際的合併のためのより確かな基盤が造られた。二〇〇六年六月一四日の指令二〇〇六年第四六号[137]をもって、年度末決算書および制度上財務と無関係の情報についての取締役の責任を明確化するためのシステム、コンツェルンの内部関係および結合当事者との間での取引の透明化のためのシステム、さらに、コーポレート・ガヴァナンス実施方法の公開のためのシステム、これらが改訂された。

資本会社による定款上の法人住所の国際的移転に関する第一四次団体法指令はまだ実現されておらず、一時的に取り上げられているにすぎない。しかし、団体の移動可能性を奨励することは、ヨーロッパでは、今なお中心的な関心事の一つである、そのため、――特に「カーテシオ事件」におけるヨーロッパ裁判所判決にみられた控えめな判断に鑑みると――議論の再発も、そしておそらくはこの計画の再開も、十分、計算に入れられなければならないであろう。それでも、最初に議事日程に載せられているのは、ヨーロッパ有限責任民事会社（Europäische Privatgesellschaft mit beschränkter Haftung - SPE）の導入である。今こそ、その具体的な作成（そのことはこの法形式を受け入れる上でも、またそれとともにその他の法形式の運命を決める上でも決定的に重要である）が待たれているといわなければならない。

(130) 団体法簡素化のための諸提案を収録しているものとして、ZIP 1999, 1944 がある。

(131) KOM(2003) 284 endg.; これについては、*Habersack*, NZG 2004, 1; 会社法現代化の状況について、一般的には、http://ec.europa.eu/internal_market/company/modern/index_de.htm.

(132) ABl. EU 2005 Nr. L 52/51. これについては、*Spindler*, ZIP 2005, 2033.

(133) ABl. EU 2004 Nr. L 385/55. これについては、*Maul/Lanfermann*, DB 2004, 2407.

(134) ABl. EU 2006 Nr. L 157/87. この指令により、一九八四年四月一〇日の第八次指令（ヨーロッパ経済共同体指令一九八四年第二五三号（ABl. EG 1984 Nr. L 126/20）は廃止された。

(135) ABl. EU 2006 Nr. L 264/32.

(136) ABl. EU 2005 Nr. L 310/1.

(137) ABl. EU 2006 Nr. L 224/1.

国際売買法（国連国際動産売買条約）の現代的発展

山内惟介訳

目　次

I　はじめに

国連国際動産売買条約（一九八〇年四月一一日の国際的動産売買のための国連条約（United Nations Convention on Contracts for the International Sale of Goods)、以下「国連売買法（ＣＩＳＧ）」と略記する。(1)）は、依然として人気を博しているテーマの一つである。国連売買法は、それが作成されてから今日までの間に、七四か国で採択されている。この条約は、日本（二〇〇九年八月一日）で発効した後も、レバノン（二〇〇九年一二月一日）で、またごく最近ではアルメニア（二〇一〇年一月一日）とアルバニア（二〇一〇年六月一日）で発効している。(2)どの加盟国でも最初は、国連売買法の内容がどのようなものなのかという点を関係者に対して説明し、説得するための宣伝活動が行われなければならなかったようである。たとえば、法務コンサルタントや裁判所は、国連売買法とは国際的（渉外的）事実に対して適用される国内法であるということを伝えなければならなかった。このほか、締約国の裁判所は国連国際動産売買条約を職権で適用しなければならない責務を負っているし、国連売買法の意味が当事者に対してあらかじめ説明されていなかったとしても、当事者は、国連売買法を適用した裁判が自分にとって不意打ちになる旨を、訴訟手続において主張することはできないようになっている。(3)ドイツでも国連売買法が関係者の理解を得るまでの道のりは遠く、そして、苦難に満ちたものであった。国連売買法が一九九一年一月に発効してからほぼ二〇年が経過した今日においてさえ、(4)国連売買法は、――それが、ドイツの文献(5)において高い関心を集めており、また法律関係情報のデータベースが証明するように多数の判例(6)が出されているにも拘わらず――、今なお取引に携わるすべての者の意識に必要な法源として十分に定着しているというわけではない。そうはいっても、国連売買法が実務上重要な役割を果たしていることに変わりはない。ドイツでは、二〇〇二年に行なわれた債務法の現代化にあたり、売買法と一般的給付障害法が新しく規律された。このことは、ドイツの立法史上、画期的なできごとであったといってよい。ドイツ民法典と国連売買法との間に類似性があることからも分かるように、国連売買法はドイツにおける民法典改正の一つのモデルであった。このような状況を考慮すると、国連国際動産売買条約の施行からほぼ一年を経た日本も、国際売買法の現代的発展に注目する必要があるのではなかろうか。この点を指摘することは、おそらく、読者の高い関心を呼ぶものと思われる。以下では、この条約の内容を体系的視点から略述することとしたい。むろん、検討の対象は、特に、近年の裁判例を通じて話題になったいくつかの項目に限定されざるを得ないであろう。

（1）以下、条文のみを掲げる場合、国連国際動産売買条約の各規定を表す。

（2）http://www.uncitral.org/uncitral/en/uncitral_texts/sale_goods/1980CISG_status.html.

（3）OLG Linz, IHR 2008, 28, 30, CISG-online, Nr. 1583.

（4）旧ドイツ民主共和国では、国連国際動産売買条約は一九九〇年三月の時点ですでに発効していた。

（5）注釈および個別論文は数多くあるが、その中から以下の文献のみを挙げておこう。*Achilles*, Kommentar zum UN-Kaufrechtsübereinkommen (CISG), 2000; *ders.* in Ensthaler (Hrsg.), HGB, 7. Aufl. 2007; *Baumgärtel/Laumen/Prütting*, Handbuch *der* Beweislast, Bürgerliches Gesetzbuch - Schuldrecht Besonderer Teil I - §§ 433-610, 3. Aufl. 2009; *Benicke*, *Ferrari und Mankowski*, in K. Schmidt (Hrsg.), Münchener Kommentar zum Handelsgesetzbuch, Band 6, 2. Auflage 2007; *Bianca/Bonell*, Commentary on the International Sales Law, 1987; *Brunner*, UN-Kaufrecht - CISG, 2004; *Enderlein/Maskow/Strohbach*, Internationales Kaufrecht, 1991; *Ferrari/Flechtner/Brand* (Hrsg.), The Draft UNCITRAL Digest and Beyond: Cases, Analysis and Unresolved Issues in the U. N. Sales Convention, 2004; *Gruber*, *Huber und Westermann* in *Krüger/H. P. Westermann* (Hrsg.), Münchener Kommentar zum Bürgerlichen Gesetzbuch, Band 3, §§ 433-610, CISG, 5. Aufl. 2008; *Herber/Czerwenka*, Internationales Kaufrecht, 1991; *Honnold*, Uniform Law for International Sales under the 1980 United Nations Convention, 4.

Aufl. 2009; *Honsell* (Hrsg.), Kommentar zum UN-Kaufrecht, 2. Aufl. 2010; *Karollus*, UN-Kaufrecht, 1991; *Koller* in Canaris/Schilling/Ulmer (Hrsg.), Großkommentar zum HGB, 4. Aufl., 5. Lieferung 1985, Vor § 373, Rn. 621 ff.; *Lüderitz* u. a. in Soergel, Bürgerliches Gesetzbuch, Band 13, 13. Aufl. 2000; *Magnus* in Julius von Staudingers Kommentar zum Bürgerlichen Gesetzbuch, Wiener UN-Kaufrecht (CISG), Neubearbeitung 2005; *Piltz*, Internationales Kaufrecht. Das UN-Kaufrecht in praxisorientierter Darstellung, 2. Aufl. 2008; *ders*., UN-Kaufrecht. Gestaltung von Export- und Importverträgen. Wegweiser für die Praxis, 3. Aufl. 2001; *Saenger* in Bamberger/Roth (Hrsg.), Kommentar zum Bürgerlichen Gesetzbuch, Band 1, 2. Aufl. 2007; *Schlechtriem/Schwenzer* (Hrsg.), Kommentar zum Einheitlichen UN-Kaufrecht - CISG, 5. Aufl. 2008; *Schlechtriem*, Internationales UN-Kaufrecht, 5. Aufl. 2008; *Schlechtriem/Butler*, UN Law on International Sales - The UN Convention on the International Sale of Goods, 2009; *Witz/Salger/Lorenz*, International Einheitliches Kaufrecht, 2000.

（6）　たとえば、バーゼル大学のデータベース、www.cisg-online.ch (“CISG online”); ザールブリュッケン大学のデータベース（フランスの判例について詳しい）、witz.jura.uni-sb.de/CISG; マドリード大学のデータベース（主としてスペイン語圏の裁判を取り上げている）、www.uc3m.es/cisg; オーストラリア・ヴィクトリア大学のデータベース、www.business.vu. edu.au/cisg、これらがそうである。国連国際商取引法委員会（Kommission für internationales Handelsrecht der Vereinten Nationen (UNCITRAL)）のホームページも挙げて置かなければならない（そこで閲覧できるのはCLOUT (Case Law on UNCITRAL Texts) と最新の批准状況である）、www.uncitral.org. 書籍、注釈書、論文および判例評釈が掲載されているサイトとしては、www.cisg.law.pace.edu もある。学術文献と判例評釈についてはUNILEX www.unilex.info をも参照。七か国語で書かれた国連売買法の条文の概観については、http://web.law-and-business.de/cisg7/index2.php を利用することができる。

Ⅱ　重要性

国連国際動産売買条約が適用される通常の場合を素材として、条約加盟国に本拠を有する契約当事者との関係をみると、ドイツでは輸出契約の八〇パーセント以上、それに輸入契約のほぼ三分の二のケースにおいて、国連売買法が適用されている。国連売買法の重要性はこのように量的にもきわめて大きく、国際化・グローバル化の進展に伴って、さらに増大することが予測されている。一体化がますます進みつつあるヨーロッパでは、もはやこのような動きを止めることはできないであろう。輸出入契約のための（国内法上の）法的枠組みという点から考えても、国際統一法が必要とされているようにみえる。この種の国際統一法が存在せず、しかも実質法に関して有効かつ包括的な合意が行われていないとすれば、当該事案に対してどの国内法が適用されるかは、事案を処理する裁判所所属地国の（国ごとに異なる）国際私法上のルールに従って判断されざるを得ない。そうなれば、当事者は裁判の結果を予測することができないし、時には、当事者が望まないような結果が生まれる可能性も出てこよう。

こうした状況を考慮して、ここではドイツおよびヨーロッパにおける国際私法の現状を紹介することから始めたい。ドイツ国際私法では、以前から恒例になっているが、特徴的給付をもたらす契約当事者の法が準拠法として指定されている。[7] 売買契約の場合、特徴的給付をもたらす契約当事者の法として考えられているのは、売主の側の法である。それゆえ、通常の場合、――相手方所属国の国際私法がこれと異なるルールを定めていなければ――、売主または輸出業者の側の法秩序が準拠法として指定される。つまり、買主の側の法や履行地法は、準拠法としてまったく意味を持たないのである。周知のように、国際私法のルール[8]は世界的に統一されていないため、どの国の裁判官も自国の国内規定を適用してきた。このような結果に関しては、もちろん、合意管轄条項を定めることを通じて、どの法が準拠法として適用されるかの判断に影響を及ぼすことができる。それでも、ヨーロッパの場合、当事者が結果を予測することができないという意味で「不意打ち」となる度合いは、さほど大きくはないものと考えられている。確かに、ヨーロッパにおいて牴触法を統一する計画は、三〇年以上も前から行なわれており、それなりの歴史を有するものの、実質法を統一する計画の場合と同様、多くの困難に直面している。それでも、抵触法の分野で統一法を形成するための基盤は、最近では、実効性を持つようになってきており、それと同時に、これまで残されていた多くの欠缺や不安定性が取り除かれるようになっている。たとえば、一九八〇年六月一九日のヨーロッパ債務契約条約(9)――この条約は、ドイツではすでに一九九一年三月一日に発効しており、その内容も民法典施行法第一一条、第一二条および第二七条ないし第三七条の中に取り入れられている――は、二〇〇九年一二月一七日に、（デンマークを除いて、イギリスを含むすべてのEU諸国で）直接適用されるローマI規則(10)によって代替されている。ローマI規則は、その後締結されるすべての債務契約に適用されている(11)。

確かに、契約の当事者は――少なくともドイツ国際私法およびEU加盟諸国の国際私法による限り――契約関係の準拠法を選ぶことができるようになっている。しかし、どの国の法が準拠法となるかという点には、なお予測不能な点がある。それは、準拠法選択が、多分に、事実認定に際して重要な問題のすべてを捉えきれてはいないことに起因する。その結果、準拠法選択の過程には、多くの「落とし穴」が、それゆえ解決基準を予測し得ないというリスクが隠されていることになる。一例を挙げれば、準拠法を選択する行為自体が原則的に不適法とされる場合がある(12)。国内法を適用するにあたり、国内法が準拠法として選択されているかどうかに関して「明確に」証明することが求められるときも、種々の問題が生じる余地がある(13)。また、一定の契約類型に限られているにせよ、準拠法選択が排除されたり(14)、選択された法が当該事実に対して「実質的な（substanzielle）」関係を有していなければならないとされる場合もあろう(15)。このようにみると、国際的な規模での解決策には多様な可能性があることが実証されているといえよう。それゆえ、国際契約の事案では、準拠法選択が行われているか、また裁判管轄の合意が行われているか、さらに、それらがどの範囲で行われているかといった点につき、当事者は常に慎重に検討しなければならないこととなる。そうした検討を尽くしたとしても、常時、不確実性に付きまとわれることに変わりはない。こうした不確実性を取り除くためには、結局のところ、国際的に受け入れることができ、しかも実行できるような方法、つまり、統一売買法（それこそがまさしくここで取り上げる国連売買法である）を採用するしかない。

（7）従来のドイツ民法典施行法第二八条第一項および第二項、ならびに、その後これまでの間に現行法となったローマⅠ規則第四条第一項ａ。

（8）国連売買法と牴触法との関係ならびにその他の点について参照されるものとして、*Schmidt-Kessel*, ZEuP 2008, 605; *Kampf*, RIW 2009, 297もある。

（9）一九八〇年六月一九日の契約債務関係の準拠法に関するローマ条約、BGBl. II, 809, 810; 同条約を整理統合した形式については、ABl. EU 1998 Nr. C 27, S. 34.

（10）二〇〇八年六月一七日の契約債務関係の準拠法に関するヨーロッパ議会およびヨーロッパ理事会のヨーロッパ共同体規則二〇〇八年第五九三号（ローマⅠ規則）、ABl. EU 2008 Nr. L 177, S. 6. S. これについては、*Magnus*, IPRax 2010, 27; *Pfeiffer*, EuZW 2008, 622.

（11）中期的にみると、二つの国際私法規定が適用されている。すなわち、契約締結時がいつかが決め手となるが、一方では、民法典施行法上の従前の諸規定が適用され、他方で、二〇〇九年一二月一七日以降はローマⅠ規則が適用されている。

（12）たとえば、アラブ諸国とウルグァイがそうなっている。

（13）たとえば、ロシアがそうなっている。

（14）たとえば、エジプトがそうなっている。

（15）アメリカ合衆国の諸原則によればこのようになる。

Ⅲ　適用範囲

1　原　則

第一に、当事者間での合意により条約の内容と異なる規律をすることはむろん条約上留保されているが、契約当事者双方が国連売買法加盟国に営業所を有する場合、国連売買法が常に適用されている。そこで考慮されている空間的要素は「営業所」であって、「国籍」ではない。国連国際動産売買条約の適用範囲を決めるこの原則、つまり、当事者が加盟国に有する場所的な手掛かり、これが、大多数の事案で、契約が国際的であるか否かを判断する決め手となっている。「売買契約が国際的である」とされるのは、買主と売主が異なる国に営業所を有する場合である。この原則の適用にあたり、中国の裁判所は、香港に営業所を有する企業につき、この国際性の要件を充たしているという判断を下した[16]。第二に、売主企業の本拠地国が締約国である場合も、（ドイツの）国際私法[17]を介して、国連売買法が適用されている。これらをまとめると、国連売買法は、その適用を排除する旨の当事者間の合意がない限り、たいていの締約国で締結されるすべての輸出契約に対して「自動的に」適用されることになる。また、少なくとも売主が締約国の出身であるとき、また国連売買法が各契約中の準拠法選択条項を介して契約実施の基礎となっているとき、これらの場合には、国連売買法が輸入契約に対しても同じように適用されている。当事者の一方が営業所を複数有するときは、契約の締結および履行の際に指導的役割を果たす側の当事者に目が向けられなければならない[18]。

2　合　意

右のような原則が定められているが、それでも、契約当事者は、国連売買法の適用を排除したり、また——空間的適用要件が欠けている場合[19]——その適用を合意したりすることができる（これは、選択するという行為を行うことにつき事前に相手方の許可を得るという意味のネットワーク関連専門用語になぞらえて、オプト・イン方式と呼ばれている）[20]。国連国際動産売買条約第六条は当事者自治の優位を規定する[21]。契約により排除されるのは、特に条約の自治的解釈に関する規定（第七条）[22]と実体的適用範囲に関する規定（第四条）[23]である。国連売買法の任意性をどこまで認めるかという点で限界を示しているのが、第一二条である。第一二条は、右の留保を行っている国で方式に関して定められている強行規定が、第六条を挟むことによって結果的に、排除されることを防止する規定である[24]。国連売買法それ自体やその中の個別規定の適用を排除するためには、当事者の合意が必要となる。この種の合意を行う場合、特別の方式は求められていない（無方式）が、一方当事者の意思表示があるだけでは足りない[25]。明示または黙示の合意により条約上の諸規定を排除することはできるが、その場合、当該事案に国際性がある点を当事者が意識していることが常に必要とされている[26]。当事者双方が国連売買法の全面排除を合意していたか否かは、国連売買法第Ⅱ部の契約締結に関するルールに基づいて判断されるのであって、当事者により合意された法や裁判国の国際私法に基づいて指定された法によって判断されるのではない[27][28]。普通取引約款中で行われた、国連売買法の適用を排除する旨の合意が有効か否かという点も、これと同じ方法で判断される。国連国際動産売買条約はこのように解釈されているので、国際的事案では（ドイツ法よりもずっと）厳格な内容の国連売買法が適用されるようになっている[29]。

国連売買法の適用可能性に関しては次の二つの類型が取り上げられなければならない。その一つは消費者売買であり、もう一つは混合契約である。

3　特　例

(1)　消費者売買

消費者契約ないし消費者売買は、第二条a号によって、この条約の適用範囲から除かれている。というのは、国内法たる消費者保護規定の有効性を確保するために、国内法の適用範囲を制限すべきではないと考えられているからである。商法に服していない当事者を保護する必要性が特に高いという立法目的を考慮すれば、このような例外を設ける意義も認められよう[30]。同号の要件に該当するか否かの判断にあたって決定的なのは、契約の目的物が契約締結時に買主の個人的使用または家事・家族のための使用[31]が予定される物品であるか否かという点の判断である。使用目的を後で変更したり当該物品を事実上それとは別の目的で使用したりすることは、なんら重要ではない[32]。物品が個人的生活維持のために購入され、日常的需要をカヴァーするものであるならば、それだけで、当該物品の使用目的は私的なものであることが肯定されなければならない[33]。これに対して、買主が職業上の目的のために物品を購入していれば、国連売買法が適用されなければならない。職業上の目的という表現には、事業目的での物品購入、そして買主が自由業活動のために行う調達も含まれる[34]。同条約の適用上、消費者契約をどこまで排除することができるかという点で制限を加えているのが、第二条a号後段である。そこでは、私的利用という購入意思は契約締結前か遅くとも契約締結時に売主に知られていなければならず、少なくとも売主にとって認識可能なものでなければならないとされている。[35]この要件に該当しない場合には、消費者契約に対しても国連売買法が適用される。[36]それゆえ、買主は、私的購入という目的を通知することにより、同条約の適用を排除することができる。[37]たとえ売主が私的利用か否かを問い合わせる照会義務（Erkundigungspflicht）を負わされていなかったとしても、みずからの不注意で私的購入であるか否かを知らなかったことは、売主本人の負担となる。[38]したがって、購入目的が何かという点で疑問がある場合、売主は契約締結の際に使用目的が何かを買主に必ず尋ねなければならない。[39]

(2) 混合契約

第三条についても理解を異にする可能性がある。それは、この規定により、同条約の適用範囲が拡大されている——純粋の売買契約だけでなく、他の契約類型に属する要素を持つ混合契約も国連売買法の適用範囲内に取り入れられている——からである。原則として、請負供給契約は第一項に明示的に取り入れられている。これに対して、第二条によると、労働契約ないし雇用契約上の義務が優先する混合契約は国連売買法の適用範囲から除かれている。第一項と第二項との共通性は、条約の適用には売買法的要素が優先することが必要だという点にある。[40]請負供給契約についても混合契約についても、当該契約が内容上統一された単一の契約であるか、それとも独立した契約が複数存在するかという点が、最初に確認されなければならない。この点は裁判国の国内法によって判断されるのではなく、[41]第七条が規定する意味で、条約の立場から裁判所が自主的に判断しなければならない点である。[42]その際には常に当事者の意思がどのようなものであったかという点も顧慮されなければならない[43]。第六条によると、合意によりその適用を排除される第三条よりも、当事者の明示の合意が優先する。第三条の適用上、国連売買法がすべての契約に適用されるべきか契約中の売買法に関する部分にのみ適用されるべきかというように、新たな争点が生じることを考慮すると、ここでも条約上の規定に依拠することが推奨されなければならない[44]。

製造または生産に必要な素材の実質的な部分を注文者が自ら用意しなければならない場合、第三条第一項により、国連売買法は適用されない。実質的な部分であるか否かの解釈は、買主および製造者が寄与すべき材料の価値がどのくらいかという点の調査を通じて、決定される[45]。このほか、何に焦点を合わせるかも多様であり、完成品たる物品のために用意される素材がどのような機能を有するか[46]、その素材が製造のために必要か[47]、またその素材がどのような性質を有するか[48]というように、争点も事案ごとに異なり得る。少なくとも第三条第一項の文言――第一項の文言中に、物品の素材が実質的であるか否かに関する判断基準は、設けられていない[49]――は、このような解釈を許している。注文者がどの程度関与しているかの判断にあたっては、部分的であるが、当事者双方の利益が同じように考慮されている[50]。しかし、その判断にあたって、買主が負うその他の義務――ノウハウ、計画、労務等の提供――を顧慮することはできない[51]。これに反対する見解[52]は、提供された材料の価値だけが第一項の文言の解釈に際して考慮され、労務に対する評価は第二項の枠内で行われるべきであるという点を誤解している[53]。その他の金額、たとえば加工処理費も、提供された材料の価値と同様、そこでは顧慮されていない[54]。要するに、実務で、純然たる材料価値の比較を行うことはなんら難しいことではない。

実質的な部分がどの範囲で存在するかという点は、原則として、個別具体的事案に応じて判断されなければならない。実質的か否かの限界はほぼ五〇パーセントになるところに設けられよう――その場合、半分以下になることがさほど重要とはいえないにせよ、金額に着目することで足りよう。(55) 少なくとも、買主の供給量が二〇パーセント未満であれば、実質的な部分はないと考えられる。(56) たとえ価値の比率が事後的に変更されているとしても、その判定については契約締結時における比率が常に基準となる。(57) 通例、報酬改善契約、オーバーホール契約、整備契約、再建契約、修繕契約等は、その適用範囲から除かれている。(58)

第二項によって、国連売買法の適用範囲はその他の混合契約へ、すなわち、労務契約・役務提供契約の分野から売主の契約義務を伴う物品売買契約へと拡張されている。第二項も、他の、たとえば賃貸借法的・団体法的性質を有する追加義務を伴う売買契約に準用される。(59) これに対して、売買契約とは異質の義務が主要な部分を構成する混合契約に対しては、国連売買法を適用すべきではない。この点を調査しようとすれば、ふたたび、供給されるべき物品の価値と供給者側の契約債務とされた労務・役務の価値との間にどのような関係があるかという点に目が向けられなければならない。(60) しかしながら、第一項（「実質的な部分」）と反対に、第二項の場合、売買とは性質を異にする義務（「主要な部分」）の比率は、総じて五〇パーセントを超えていなければならない。(61) さらに、一部では、評価の不確実性に対抗するために、役務提供が主要である度合いが「特に著しい（ganz erheblich）」ことが、国連売買法の適用上、必要とされている。(62) 少なくとも、追加的作業給付のために要する費用が、想定上、価格の三〇パーセントを超えている場合、このことは当てはまらない。他方では、その場合、純然たる計算による評価だけでなく、給付義務に関する当事者双方の利益に対する評価も、考慮されるべきである。その結果、例外的事案では、計算上五〇パーセントに達していなくても、国連売買法が適用される場合があろう。[63]

（16） *China International Economic and Trade Arbitration Commission (CIETAC)*, Schiedsspruch v. 10. 8. 1999, CISG-online, Nr. 1606.

（17） ローマⅠ規則第四条a号。

（18） *Foreign Trade Court of Arbitration* (Serbien), Schiedsspruch v. 15. 7. 2008.

（19） Schlechtriem/Schwenzer/*Ferrari*, Art. 6 Rn. 39; *Enderlein/Maskow/Strohbach*, Art. 6 Anm 3.2.

（20） *Honsell/Siehr*, Art. 6 Rn. 9 f; *Schlechtriem*, Rn. 23.

（21） LG Stendal, IHR 2001, 30, 32, CISG-online Nr. 592.

（22） Schlechtriem/Schwenzer/*Ferrari*, Art. 6 Rn. 10; Staudinger/*Magnus*, Art. 6 Rn. 55; aA Bianca/Bonell/*Bonell*, Art. 6 Anm 2.

（23） Schlechtriem/Schwenzer/*Ferrari*, Art. 6 Rn. 11; Staudinger/*Magnus*, Art. 6 Rn. 54; これと見解を異にするものとして、Bianca/Bonell/*Bonell*, Art. 6 Anm. 3.4. しかしながら、国連売買法中に適用法規に関する規定が欠けていることを理由に、第四条が排除されるというようなことは、実務上は、到底考えられないであろう。

（24） Schlechtriem/Schwenzer/*Ferrari*, Art. 6 Rn. 8; Staudinger/*Magnus*, Art. 6 Rn. 52.

（25） *Honsell/Siehr*, Art. 6 Rn. 2.

（26） *Piltz*, NJW 2009, 2258, 2260.

（27） MünchKommHGB/*Benicke*, Art. 6 Rn. 2; Schlechtriem/Schwenzer/*Ferrari*, Art. 6 Rn. 13; Staudinger/*Magnus*, Art. 6 Rn. 8 ff.

（28） そのようなものとして、*Honsell/Siehr*, Art. 6 Rn. 4.

（29） BGHZ 149, 113 = IHR 2002, 14, CISG-online Nr. 617; OLG Oldenburg, IHR 2008, 112, CISG-online, Nr. 1644 ; Staudinger/*Magnus* Art. 6 Rn. 8, 11 ff., Art. 14 Rn. 41; Schlechtriem/Schwenzer/*Ferrari*, Art. 6 Rn. 13 f.; *Piltz*, IHR 2002, 2, 6. 不意打ち条項（überraschende Klausel）としての準拠法選択については、OLG Düsseldorf, NJW-RR 1994, 1132.

（30） MünchKommBGB/H. P. *Westermann*, Art. 1 Rn. 22.

（31） 特に買主が商人であるときは、消費財売買、セット商品（Sammelobjekten）等の場合にも、例外に当たらない。Schlechtriem/Schwenzer/*Ferrari* Rn. 11; Staudinger/*Magnus* Rn. 18 f.

（32） UNCITRAL Digest, Art. 2 Anm. 2; *Herber/Czerwenka*, Art. 2 Rn. 5; *Piltz* Rn. 2-65.

(33) S. auch Schlechtriem/Schwenzer/*Ferrari*, Art. 2 Rn. 11; Staudinger/*Magnus*, Art. 2 Rn. 14.

(34) *Achilles*, Art. 2 Rn. 2; *Herber/Czerwenka*, Art. 2 Rn. 4. 参照されるのは、UNCITRAL Digest, Art. 2 Anm. 3である。これについて参照されるものとしては、民法典第一三条中のこれに対応した規定および Erman/*Saenger*, § 13 Rn. 15 f. もある。

(35) OLG Hamm, IHR 2010, 59, 61, CISG-online, Nr. 1978.

(36) 参照されるのは自動車の販売行為である。OLG Stuttgart, IHR 2008, 102, 104, CISG-online, Nr. 1658.

(37) *Staudinger/Magnus*, Art. 2 Rn. 21.

(38) たとえば、*Achilles*, Art. 2 Rn. 3; MünchKommHGB/*Benicke*, Art. 2 Rn. 6; Schlechtriem/Schwenzer/*Ferrari*, Art. 2 Rn. 20; Staudinger/*Magnus*, Art. 2 Rn. 25, 22; これと見解を異にするものとして、*Herber/Czerwenka*, Art. 2 Rn. 6がある。そこでは、重大な過失の存在が要件とされている。

(39) Staudinger/*Magnus*, Art. 2 Rn. 25; Schlechtriem/Schwenzer/*Ferrari*, Art. 2 Rn. 20.

(40) Staudinger/*Magnus*, Art. 3 Rn. 1, 3.

(41) そのようなものとして、Schlechtriem/Schwenzer/*Ferrari*, Art. 3 Rn. 12; *Honnold* Rn. 60.2; *Fogt*, IPRax 2003, 364, 368（そこでは、混合契約を分割できるか否かに関する明示の原則も一般的原則も国連売買法は備えていないという点の論証が行われている。).

(42) *Herber/Czerwenka*, Art. 3 Rn. 4; Schlechtriem/Schwenzer/*Ferrari*, Art. 3 Rn. 12.

(43) OLG Dresden, IHR 2008, 162, 165, CISG-online Nr. 1720; Schlechtriem/Schwenzer/*Ferrari*, Art. 3 Rn. 12; Staudinger/*Magnus*, Art. 3 Rn. 10; Fogt, IPRax 2003, 364, 367.

(44) Staudinger/*Magnus*, Art. 3 Rn. 12 mwN. Vgl. MünchKommBGB/H. P. *Westermann*, Art. 3 Rn. 1.

(45) *Achilles*, Art. 3 Rn. 3; MünchKommBGB/*H. P. Westermann*, Art. 3 Rn. 4; Staudinger/*Magnus*, Art. 3 Rn. 14.

(46) OLG München, IHR 2001, 25, LS 1, 26, CISG-online Nr. 585; MünchKommBGB/*H. P. Westermann*, Art. 3 Rn. 3.

(47) MünchKommHGB/*Benicke*, Art. 3 Rn. 5.

(48) Schlechtriem/Schwenzer/*Ferrari*, Art. 3 Rn. 8.

(49) そのようなものとして、UNCITRAL, Art. 3 Digest Anm. 2もある。

(50) OLG Innsbruck, Urt. v. 18. 12. 2007, CISG-online, Nr. 1735.

(51) *Achilles*, Art. 3 Rn. 3; Schlechtriem/Schwenzer/*Ferrari*, Art. 3 Rn. 10; *Staudinger/Magnus*, Art. 3 Rn. 14.

（52）価値の算定（Wertberechnung）にあたり、買主の非財産的給付（immaterielle Leistungen）が含まれると考えることに賛成するものとして、*Karollus*, S. 23.

（53）*Achilles*, Art. 3 Rn. 3.

（54）MünchKommHGB/*Benicke*, Art. 3 Rn. 4; a.A. *Karollus*, S. 23.

（55）*Achilles*, Art. 3 Rn. 3; Staudinger/*Magnus*, Art. 3 Rn. 16（これによれば、「実質的（wesentlich）」という文言は著しく重要な部分（einen erheblichen, ins Gewicht fallenden Anteil）と考えられている。少なくとも五〇パーセントを超えれば、著しく重要な部分といえよう。）これに対して、*Honnold* Rn. 59 は、一五パーセントを超えるだけで「実質的な部分（wesentlichen Teil）」に達しているとする。Honsell/*Siehr*, Art. 3 Rn. 3 f. によれば、価値の点で、事業者（Unternehmer）が提供するよりも注文者が提供する部分が多いときは、注文者（Besteller）の側が実質的と評価される。

（56）Schiedsgericht der ungarischen Handelskammer, NJW-RR 1996, 1145, CISG-online, Nr. 163.

（57）*Achilles*, Art. 3 Rn. 2; MünchKommHGB/*Benicke*, Art. 3 Rn. 6; Staudinger/*Magnus*, Art. 3 Rn. 18.

（58）Schlechtriem/Schwenzer/*Ferrari*, Art. 3 Rn. 9; Staudinger/*Magnus*, Art. 3 Rn. 15; s. auch OGH Wien, ZfRV 1995, 159 (zu Reparatur- und Lohnveredelungsverträgen).

（59）*Herber*/*Czerwenka*, Art. 3 Rn. 6; Schlechtriem/Schwenzer/*Ferrari*, Art. 3 Rn. 19; Staudinger/*Magnus* Art. 3 Rn. 4, 30, Art. 1 Rn. 27. Vgl. *Schlechtriem* Rn. 28: 物品（Waren）の引渡に加えて、国連売買法のもとに置かれていない目的物（Gegenstände）も引き渡されなければならないときも、第三条に示された法的考え方が適用される。

（60）UNCITRAL Digest, Art. 3 Anm. 4; Schlechtriem/Schwenzer/*Ferrari*, Art. 3 Rn. 13; Staudinger/*Magnus*, Art. 3 Rn. 21; s. auch CISG-AC Opinion no. 4 v. 24. 10. 2004, Opinion on Art. 3 (2) Anm. 9, IHR 2005, 124.

（61）*Tribunale di Forli*, CISG-online, Nr. 1780; Staudinger/*Magnus*, Art. 3 Rn. 22; Schlechtriem/Schwenzer/*Ferrari*, Art. 3 Rn. 15. Staudinger/*Magnus*, Art. 3 Rn. 23 によれば、価値の計算にあたって考慮されるのは、売買になじみのない義務という以上に、労務給付やサーヴィス提供であって、ノウハウや競争に関する合意（Wettbewerbsabreden）ではない。UNCITRAL Digest, Art. 3 Anm. 4 をも参照。

（62）Kantonsgericht des Kantons, SZIER 2000, 114 (dt. Zusammenfassung), IHR 2001, 45（英文要旨あり）, CISG-online Nr. 490. これについて参照されるのは、Schlechtriem/Schwenzer/*Ferrari*, Art. 3 Rn. 15, 6 ff. である。

（63）OLG München, IHR 2001, 25, LS 2, 26, CISG-online Nr. 585（「契約の特徴的給付」）; Staudinger/*Magnus* Rn. 21（そこでは成

立史に言及されている); *Schlechtriem* Rn. 27; Schlechtriem/Schwenzer/*Ferrari* Rn. 14. I 契約上の給付を純粋に価値の視点から計算することができない場合、その評価に際して、契約の成立を左右する諸事情（本件では、契約書の文言（Vertragstext））も考慮されるべきである。LG Mainz, IHR 2001, 203, 204, CISG-online Nr. 563. Vgl. auch UNCITRAL Digest, Art. 3 Anm. 5.

Ⅳ　契約の締結

国連売買法上、契約の締結についても、やはり特殊性が見出される。普通、契約締結の申込みが相手方に到達するまで、申込者はこれを撤回することができる。物品の価格は、契約締結の際、十分に決定され得るものでなければならない。というのは、そうしなければ契約はきちんと履行されないからである。沈黙は、原則として同意を意味するわけではなく、法的に重要なものではない。申込みと異なる内容を承諾することは、必ずしも常に、新たな申込みと評価されるわけではない。国連売買法は、承諾の内容と申込みの内容との間に実質的な相違があるか否かで区別を行っている（第一九条）。価格、品質、数量、給付の場所と時間、責任範囲、そして合意管轄条項や仲裁条項のような手続規則、これらに関する相違は実質的なものである。この場合には、承諾した内容が契約の内容とならないようにするために、遅滞なくクレームを申し立てる必要がある。実務では特に次の三つの観点が重要である。すなわち、価格の決定可能性、論理的に筋の通った契約の受諾、普通取引約款の契約への有効な取込み、これらである。

1　価格の決定可能性

売買契約が有効となるためには、実質的な部分についての一致が必要である。法律は、申込みの最低限の内容として、物品、数量および価格が決められているかまたは少なくとも決定可能であることを要求する。また個別具体的事案では、さらに、それ以外に、給付の場所・時間のような事項に関する規律も最低限の内容に入れられている。(64) 明示の合意が絶対に必要だというわけではない。決めることができればよく、場合によっては解釈によりそのように理解できるだけでも足りるのであって、その際には、習慣も基準となり得ると考えられている。(65) いずれにせよ、申込みに言及される場合、決定可能性という要件が充たされているはずである。このことは、具体的な決定が第三者により行われる場合にも、あてはまる。(66) 申込みのうち、特に価格は金額と通貨で表示されていなければならない。(67)(68) 価格決定に関する解釈規定、つまり第五五条に対して第一四条がどのような関係に立っているかについては、争いがある。(69) この規定は確かに価格に関して黙示で行われた合意の判断に際して援用されることができる。しかし、そもそも価格が決定されていなければ、申込みはまったく存在せず、それゆえ、第五五条は適用されないはずである。この種の事案でこの規定が適用されるのは、国連売買法第Ⅱ部が適用されずかつ指定された国家法により価格の決定を欠いても有効に締結されることができるような契約であると判定される場合、あるいは、価格決定要件が、第六条か第九条により、失効させられていた場合だけでしかない。

2　論理的一貫性のある契約の受諾

申込みと符合する承諾は契約成立の基盤である。当事者は明示の意思表示により申込みを行うことができる。承諾の意思表示については、その他、推測可能な行為でも足りる。このことは第一四条第一項から明らかになるが、当事者間で行われている習慣・慣行との関連でも、第一八条第三項において、認められている。この点を無視し、また、書面で合意の存在を確認するという日常的取引関係における慣行を考慮しないとしても、契約が締結されていることを推測できる行為が存在する限り、当事者は契約を締結することができる。(70)しかし、承諾が有効であるとされるのは、申込みに対する同意をそこから引き出せる場合のみである。それゆえ、ここに述べたことは、まったくの沈黙や不作為の場合、あてはまらない（第一項第二文）。いわゆる交叉申込みも、承諾の効力を有する可能性がある。そのための要件は、交叉する契約締結意思の表示が内容に関して事実上一致し、かつ、それぞれに拘束力を有することという点である。このことは、特に、偶然性を有する、それゆえ当事者が互いに事前に関係を持つことなく表示された交叉申込みの場合にあてはまる。(71)

しかし、第一八条第三項は、当事者間に習慣・慣行がある場合を取り上げて、論理的一貫性のある行動を介した承諾の事案を具体例として想定しているだけでなく、承諾の存在を認める可能性を広げるという意味で、外形的要件（Erfordernis des Zugangs）を免除する規定でもある。推測可能な行為として例示されているのは、物品の発送であり、また売買代金の支払である。分割であるにせよ大きな額の支払があることで契約の申込みに対する承諾があると推測できることも[72]、送り状を兼ねた請求書（invoice）が発行されている（pro-forma-Rechnung）ことで契約の申込みに対する承諾があると推測できることも[73]、そうした例示に含まれよう。たとえ法律の文言上明示的に述べられているのが「行為（Handlungen）」についてであるとしても、言葉による表現を、外形的要件を要しない（nicht zugangsbedürftig）承諾の意思表示とみなすことができる。第一八条第一項にいう「その他の行為」を介して認められる、申込みに対する承諾とは異なり、第三項の事案では、当該行為が実行されたことをもって、承諾が認められ、その結果、契約は有効となる。申込者が当該行為について事後に通知する義務はない[74]。ただ、いずれの場合にも、当該行為が第一八条第二項の意味で適時に行われていることが必要である。

3　普通取引約款を契約に取り込む行為の有効性

前もって文書化されている契約条件を約款に取り込むこと、それゆえ普通取引約款に外見上の同意を見出せるか否かという問題は、第一四条以下の諸規定により判断される。ここでは、法廷地の国際私法を介して指定された国内法へと立ち戻る必要はない[75]。特別の規定がない場合に、普通取引約款が申込みの一部を構成する要素となっているか否か、どのような内容を含んでいるかという点は[76]、第八条により、契約の解釈を通じて、調査されなければならない。その場合、受領者の行為の解釈も客観的視点から行なわれなければならない（第八条第二項）。このほか、習慣・慣行も顧慮されなければならない（第八条第三項）[77]。普通取引約款の文言があらかじめ受領者に送付されていること、または、これと異なる方法による場合でも、受領者が自らにとって期待できるやり方で内容を知ることのできるような方法で、受領者がその文言にアクセスできること、これらが、第七条の解釈を通じて引き出される追加的な要件とされている[78]。その前提には、特に、普通取引約款で指定されている言語および普通取引約款が作成されている言語を受領者が十分に理解できているという認識がある[79]。たんに普通取引約款をホームページ上で公開するだけでは、普通、周知の可能性を十分に徹底したことにはならない。というのは、そのように考えなければ、利用者が担うべきリスク、たとえば、自分の母語で書かれたバージョンを実際に見つけ出すことができるか否かという点でのリスクが、不当なやり方で、受領者側に移し替えられてしまうことになりかねないからである[80]。これに対して、普通取引約款の内容規制、つまり普通取引約款の有効性如何に関する問題[81]は、準拠法とされた国家法による。

重要なのは、遅くとも契約締結の際に明確に、当事者から求められた言語で普通取引約款の有効性が述べられ、しかも相手方契約当事者が用意する普通取引約款が文言上も完全なかたちで存在していなければならないという点である[82]。繰り返せば、普通取引約款の内容が請求書において初めて通知された場合には、相手方当事者が沈黙していてもまったく反応していなくても、普通取引約款がそのままのかたちで契約の内容となることはない[83]。特別の問題を生じるのは、契約中で、矛盾する内容の複数の普通取引約款に言及されている場合である。取引約款が実質的に異なっていれば、第一九条所定の文言に忠実な解釈が行われる限り、合意を欠くために契約は締結されていないと判断されようし、また、後から送付された普通取引約款によって有効とされる契約行為があることで、契約が締結されていると解釈できるときは、契約は有効に締結されていると判断されよう（最終文言理論）[84]。しかし、こうした解決策は濫用され易いだけでなく、その結果も偶然性に満ちたものとなりかねない。それゆえ、支配的見解[85]では、正当にも、複数の普通取引約款が互いに矛盾している場合、どちらの普通取引約款も契約の構成要素となることはなく、制定法上の諸規定が適用されている（残滓有効理論（Restgültigkeitslösung））と考えられている。この点については、実定法上、承諾という意思表示の修正行為に対して、それが有効な承諾であるという効果を当事者が付与し、かつ、矛盾する普通取引約款の効力を当事者が互いに放棄することを通して、当事者が第一九条から離れているという説明をもって理由づけることができる。このような合意は、当事者自治（第六条）があるため、当事者双方に認められている。この合意は黙示（第八条）でも商慣習や慣習（第九条）によって行うことも可能であるが、普通[86]は、契約行為を実施する過程の中にはっきりと現れている。

(64) Staudinger/*Magnus*, Art. 14 Rn. 16; Schlechtriem/Schwenzer/*Schlechtriem/Schroeter*, Art. 14 Rn. 3.
(65) Schlechtriem/Schwenzer/*Schlechtriem/Schroeter*, Art. 14 Rn. 9; *Rudolph* Rn. 4; *Staudinger/Magnus*, Art. 14 Rn. 16.
(66) *Herber/Czerwenka*, Art. 14 Rn. 5; Schlechtriem/Schwenzer/*Schlechtriem/Schroeter*, Art. 14 Rn. 13.
(67) *Honsell/Dornis*, Art. 14 Rn. 22; MünchKommHGB/*Ferrari*, Art. 14 Rn. 28 ff. これと見解を異にするものとして、*Staudinger/Magnus*, Art. 14 Rn. 25, がある。通貨の記載が欠けている場合、売主の本拠地の通貨が基準となる。
(68) *Honsell/Dornis*, Art. 14 Rn. 22; Schlechtriem/Schwenzer/*Schlechtriem/Schroeter*, Art. 14 Rn. 3.
(69) そのようなものとして、Staudinger/*Magnus*, Art. 14 Rn. 27-35; Schlechtriem/Schwenzer/*Schlechtriem/Schroeter*, Art. 14 Rn. 16 ff.; *Honsell/Dornis*, Art. 14 Rn. 23 もある。
(70) Schweizerisches BG, IHR 2005, 204, CISG-online, Nr. 1012.
(71) Schlechtriem/Schwenzer/*Schlechtriem/Schroeter*, Art. 18 Rn. 10.
(72) OLG Jena, NJW 2009, 689.
(73) *District Court Nitra*, Urt. v. 27. 2. 2006, CISG-online Nr. 1755. 参照されるものとしては、*United States District Court, Southern District of Florida*, Urt. v. 19. 5. 2008, CISG-online Nr. 1771 もある。
(74) MünchKommHBG/*Ferrari*, Art. 18 Rn. 17; *Staudinger/Magnus*, Art. 18 Rn. 29.
(75) BGHZ 149, 113, 116 f.; BGH, NJW 2002, 370, 371; OLG Frankfurt am Main, IHR 2007, 42, 44; LG Landshut, IHR 2008, 184; MünchKommHGB/*Ferrari*, Art. 14 Rn. 38; MünchKommBGB/*Gruber*, Art. 14 Rn. 27; *Staudinger/Magnus*, Art. 14 Rn. 40.
(76) 参照されるのは、MünchKommHGB/*Ferrari*, Art. 14 Rn. 40 である。

(77) BGHZ 149, 113, 117 f. = NJW 2002, 370, 371, CISG-online Nr. 617 ; *Staudinger/Magnus*, Art. 14 Rn. 41; Schlechtriem/Schwenzer/*Schlechtriem/Schroeter*, Art. 14 Rn. 36.

(78) BGHZ 149, 113, 118 = NJW 2002, 370, CISG-online Nr. 617; MünchKommHGB/*Ferrari*, Art. 14 Rn. 39; MünchKommBGB/*Gruber*, Art. 14 Rn. 29; *Piltz*, IHR 2007, 117, 122; *ders.*, NJW 2009, 2258, 2261; これと見解を異にするものとして、*Kindler*, FS Heldrich, 2005, S. 225 ff. がある。この文献は、その点の考慮を有効なものとする上で、注文の受け手が普通取引約款の記載を通じて利用者側にそうした内容を知らせているだけで足りるとする。参照されるものとしては、OGH, IHR 2004, 148, CISG-online, Nr. 828:「知悉可能性と理解可能性（Kenntnis- und damit Verständnismöglichkeit）」もある。

(79) OLG Düsseldorf, IHR 2005, 24, 28, CISG-online Nr. 913; これについては、*Sauthoff*, IHR 2005, 21, 22 f; OGH, IHR 2004, 148, 153 f, CISG-online, Nr. 828 .

(80) *Staudinger/Magnus*, Art. 14 Rn. 41a; これと異なるものとして、MünchKommBGB/*Gruber*, Art. 14 Rn. 30, この文献は、名宛人がEメールのかたちで取引に登場している場合、ホームページをすでに閲覧しているものと期待することができるとみている。

(81) Vgl. Art. 4 S. 2 lit. a.

(82) *LG Landshut*, IHR 2008, 184 (186); *Rechtbank Rotterdam*, CISG-online Nr. 1812; *Rechtbank Utrecht*, Urt. v. 21. 1. 2009, CISG-online, Nr. 1814.

(83) *United States District Court, Delaware*, Urt. v. 9. 5. 2008, CISG-online, Nr. 1769.

(84) *Bianca/Bonell/Farnsworth*, Art. 19 Anm. 2.5; *Herber/Czerwenka*, Art. 19 Rn. 18; 論争の状況、および、この見解の適用に反対を唱える懸念、これらについては、*Schlechtriem/Schwenzer/Schlechtriem*, Art. 19 Rn. 20 Fn. 62.

(85) BGH IHR 2002, 16, 18 f., CISG-online, Nr. 651 ; *Achilles*, Art. 19 Rn. 5; *Staudinger/Magnus*, Art. 19 Rn. 24 f; *Schlechtriem/Schwenzer/Schlechtriem*, , Art. 19 Rn. 20.

(86) これと見解を異にするものとして、*Honsell/Schnyder/Straub*, Art. 19 Rn. 38.

Ⅴ　契約上の義務

国連売買法の諸規定の中核を成すのは、売主の契約上の義務と買主の契約上の義務である。

1　売主の義務

第三〇条以下の規定によれば、売主は、物品を引き渡すこと、自らが所有する文書を交付すること、そして物品の所有権を移転すること、これらを義務付けられている。第三一条で義務付けられているのは、――たとえばドイツ法におけるのとは異なり――物品を買主に「引き渡す（Übergabe）」ことではなく、物品の運送が債務とされているか否かという点の判断如何に左右されるが、運送人に引き渡すことまたは売主の本拠で買主の処分に委ねること（Zurverfügungstellung）である。[87] とはいえ、実務上は普通、運送が必要とされており、第三一条a号により、買主のもとに運送するという行為を運送人に求めるというかたちで、物品が運送人に交付されなければならない。[88] そこには、物品を運送人に委ねる義務が売主側にあることが含まれている。[89]

売主の義務履行地の決定も、手続上、決定的に重要である。最近のことであるが、連邦通常裁判所がヨーロッパ裁判所に対して先行判決を求める要請――そこでは、前提として、乗員保護用エアバッグの製造と供給に関する契約に際しての国際的管轄権があることが認められている――を行ったことにより、動産売買契約と役務提供契約との限界づけに関する問題について裁判するだけでなく、どのようにして、送付売買における履行地――ここでのそれはＥｕＧＶＶＯ（二〇〇〇年一二月二二日の民事および商事の事件における裁判所の管轄権ならびに裁判の承認および執行に関するヨーロッパ共同体理事会規則二〇〇一年第四四号）第五条第一ｂ号による特別裁判籍である―を調査しなければならないかという点について判断する機会がヨーロッパ裁判所に提供された。[90] おそらく興味を呼ぶのは、第一に、買主が加工の対象を成す素材を提供していない場合には、物品の調達・加工・供給について買主側が設けている基準が売買契約の特質を消し去るわけではないこと、そして、第二に、買主が行った指示を具体的に実施することだけでなく、物品が契約に適合しているか否かについても売主が責任を負っていること、これら二点がヨーロッパ裁判所により確認されている事実を考慮すると、ヨーロッパ裁判所が明らかに国連売買法上の諸原則に依拠していると考えられる点であろう。[91] 履行地は、準拠法決定の場合と同様、裁判籍の決定についても基準となっているが、そうした履行地の決定が送付売買の際に特殊な問題を引き起こすのは、供給行為がなされる地、すなわち、物品が売主から運送人に引き渡される地が、買主が物品を受け取る地と一致していない場合があるからである。ヨーロッパ裁判所が辿りついた判断では、ＥｕＧＶＶＯ第五条第一ｂ号の意味での供給地は売主の供給行為地ではなく、物品の買主への交付地であるとされている。それゆえ、決定的なのは、買主が物品を自ら実際に受け取らなければならない地がどこかという点である。裁判籍を決定する上で、送付売買の際の履行地をどのように解釈すべきかをめぐって、世界的にみてもこれまでほぼ例外なく、物品が運送人に引き渡された地に目が向けられていたことを考慮すると、売主が物品を運送人に引き渡した地に代えて、買主が物品を直接手に入れた地を履行地と解釈した、このヨーロッパ裁判所の判決は、革命的といえるほど新しいものである。この判決から直接引き出される結果をみると、少なくとも、当事者間でこの判決と内容をまったく異にする合意がなされているとか、おそらくは裁判例の集積によって推奨され得るような裁判籍の合意が当事者間で行われているとかといった状況がない限り、買主は、国際取引の相手方である売主に対して訴えを提起する場合、管轄権が自国内で認められるという意味で、新しい裁判籍を追加して取得しているものと考えることができよう(92)。

2　買主の義務

買主は、代金を支払い、物品を引き取る義務を負う（第五三条以下）。また、買主は、適時に支払えるよう、代金支払期限の到来前にあらゆる措置を講じていなければならない（第五四条）。支払時期に関しては、物品または権利を付与する文書が買主側の自由な処理に委ねられるようになった時点で、代金が支払われなければならない（第五八条第一項）。売主が前もって給付する義務を負うか否かは明らかではない。代金支払は、買主が物品を自由に処理できるようになった後に初めて期限を迎えるが、これと内容を異にする合意がある場合は、この限りではない。

3　義務の免除

第七一条ないし第七三条は、履行期前の段階における障害に関して、買主および売主に共通する規定を置いている。そこでは、単純な義務違反（第七一条）、実質的な契約違反（第七二条）、そして分割型供給契約の解除（第七三条）、それぞれの場合に生じる危険性に応じて区別が行われている。第七一条で劣悪の抗弁（Verschlechterungseinrede）が定められているところから、たとえ相手方が契約に違反しているという危険性があるとしても、契約に忠実な当事者は、自らが負う給付を完全に履行しなければならないということから生じるリスクを免れている。このため、契約に忠実な当事者には、履行を停止する権利（第一項）が、そして発送中の物品を途中で止める権利（第二項）が、それぞれ認められている。この場合、契約解除――解除されると、契約履行義務は消滅する（第八一条）――の場合とは異なり、どっちつかずの状態になる。[93]当該権利の行使は相手方に伝えられなければならず、また相手方には、しかるべき保証の提供と引き換えに、履行を求める権利が認められている（第三項）。こうしたやり方で、契約に忠実な債権者側の利益、および、おそらくは困難な状況に置かれると予測される債務者側の利益、これらが同じように考慮され、そして、相手方による契約解除が現実化するリスクが回避されている。[94]このように、特に契約に忠実な当事者側に先履行義務が存在するときは、この第七一条が重要な意味を持つこととなる。[95]もちろん、制定法上の要件がまったく満たされていない場合や履行請求権と両立しない法的救済を債権者が行使していた場合には、この権利は認められない。[96]

第七二条に基づく権利は、第七一条の場合よりも、遥かに広く及ぶ。買主は第四九条により契約を解除することができるし、売主は第六四条により――原則として実質的な契約侵害が生じた後に限られるが――契約を解除することができる。第七二条はこのように救済の前倒しを実現しているが、それは、契約に忠実な当事者側が、たとえ相手方が契約を守らないことが現実のものとなっても履行しなければならないというリスクを負わなくても済むようにするためである。この法的救済は、給付に備えてだけでなく、さまざまな形式の給付障害にも備えて、用意されたものである。[97]契約違反の蓋然性が明らかであり、しかもその程度も特に高くなければならないこと、第七一条および第七三条第二項による法的救済と対比すると、第七二条では最も厳しい要件が設けられていること、これらについては異論がない。[98]

第七三条で取り扱われる分割型供給契約という特例の場合、履行時期が時間的に前後することが合意されている。この場合、分割された一部が履行される場合に義務違反が生じかねないという特別のリスクがある。このことが実質的な契約違反の根拠となっているときは、その他の法的救済[99]と並行して、まず、当該一部履行に関する契約の解除を求める権利がある（第一項）。これに対して、将来において複数の部分履行が継続して予定されている場合において、一つの義務違反が実質的な契約違反をもたらすといった逆推論を認めるならば、さらに、将来の履行についても契約を解除できることとなる（第二項）。売主と買主に共通して適用されるこれら二つの救済と異なり、買主にのみ帰属する第三の救済方法がある。それが、一部履行の場合の義務違反を理由とした契約解除の意思表示である。一部履行によりもたらされた物品だけでは、全体との関連性を考慮した結果、当初意図された目的を果たすことができないときは、契約の解除を求める権利が拡張されている。実質的な契約違反がない限り、過去の履行や将来の履行についても契約解除の意思表示を行うか否かの判断は、買主の自由な選択に委ねられている（第三項）。

もう一つ別の免責事由を定めるのが第七九条である。この事由により、第四五条第一項b号および第七四条ないし第七七条に規定される損害賠償責任は制限を受けている。[100] 本条約の前提に置かれた原則によれば、どのような形式であれ、債務者はすべての不履行につき、過失の有無に関わりなく、責任を負わなければならない。第七九条第一項により、制御不能な事由に基づく不履行は除かれている。このことは、第二項によって、債務者が自己の契約義務履行のため第三者を介在させる場合にもあてはまる。売却済の自動車が売主のもとで盗まれ、それゆえ売主が所有権を譲渡することができなかったときは、制御不能な阻害事由には当たらない。(101) 制御不能な阻害事由があると解釈されるときは、不履行には当たらず、債務が免除される（第三項）。第四項に規定された、第三者に対する通知義務を債務者が怠ったときは、債務者が損害賠償義務を負う。

（87） OLG Köln, IHR 2007, 164.
（88） LG Bamberg, IHR 2007, 113, 116, CISG-online, Nr. 1400; *Piltz*, NJW 2009, 2258, Bamberger/Roth/*Saenger*, Art. 30 Rn. 2.
（89） LG Bamberg, IHR 2007, 113, 116, CISG-online, Nr. 1400,; *Piltz*, NJW 2009, 2258, 2261.
（90） EuGH, Urt. v. 25.02.2010 - C-381/08 (Cart Trim GmbH/KeySafety Systems Srl), ABl. EU 2010 Nr. C 100, S. 4 (Ls.), NJW 2010, 220.
（91） EuGH, a.a.O., Rn. 36 . そこには、第三条第一項への言及がみられる。評価の細目については、*Leible*, EuZW 2010, 303, 304.
（92） この点について参照されるものとして、*Piltz*, NJW 2010, 1061, 1062; *Leible*, EuZW 2010, 303, 305.
（93） UNCITRAL Digest, Art. 71 Anm. 2.
（94） *Honsell/Schnyder/Straub*, Art. 71 Rn. 2; *Schlechtriem/Schwenzer/Hornung*, Art. 71 Rn. 2.
（95） *Herber/Honsell/Schnyder/Straub*, Art. 71 Rn. 6.
（96） OLG Köln, IHR 2008, 181,183, CISG-online, Nr. 1700.
（97） BGH, NJW 1995, 2101, 2102, CISG-online, Nr. 149 ; *Schlechtriem/Schwenzer/Hornung*, Art. 72 Rn. 4.
（98） UNCITRAL Digest, Art. 25 Anm. 2, 4; *Bianca/Bonell/Bennett*, Art. 25 Anm. 2.2; *Honsell/Schnyder/Straub*, Art. 25 Rn. 27; *Schlechtriem/Schwenzer/Hornung*, Art. 25 Rn. 12; *Staudinger/Magnus*, Art. 25 Rn. 9.
（99） MünchKommBGB/*P. Huber*, Art. 73 Rn. 10; MünchKommHGB/*Mankowski*, Art. 73 Rn. 9; *Schlechtriem/Schwenzer/Hornung*, Art. 73 Rn. 14; *Staudinger/Magnus*, Art. 73 Rn. 10 f. しかし、第四九条第一項b号および第六四条第一項b号による解除権に反対するものとして、*Herber/Czerwenka*, Art. 71 Rn. 2.
（100） *Schlechtriem/Schwenzer/Stoll/Gruber*, Art. 79 Rn. 3.
（101） OLG München, IHR 2008, 253, 256, CISG-online, Nr. 1686.

Ⅵ　売主の瑕疵担保責任

周知のように、国連売買法第四五条第一項では、売主の瑕疵担保責任が、給付障害に関する統一的法律要件、すなわち、売主の義務違反と結び付けられているが、そこでは、不履行と不完全履行、遅滞と不能、これらの区別は行われていない。このことは、透明性がありかつ予見可能性がある点で、長所と考えられている。瑕疵のない物品を供給する義務は、第三五条に詳しく定められている。ドイツ法と異なり、第三五条第二項は法律要件の段階的構成を設けておらず、その結果、通常使用という目的（a号）は、個別的に特定された目的（b号）および見本品やひな型の提供を介して予定された具体的属性の確定（c号）と並ぶものとして、同列に置かれている。売買の目的物が典型的使用に適しているかどうかの判断基準についても、ドイツ法やその他の判断基準と対比してみると、まったく異なった種々の基準が用意されていることが分かる。それゆえ、スイスに居住する卸売商人のもとにあるニュージーランド産貝類をドイツの水産物輸入業者が――飲食店への転売目的で――買い付けた場合において、当該貝類の検査でドイツの食品関連法上適法な限界値を超えた含有量のカドミウムが発見されたのに、スイスの食品関連法のもとでは同じ数値でも問題はないとされるときは、国連売買法上、当該物品に欠陥はないことになる。[102] 逆に、ドイツ法が適用されるときは、物品の瑕疵が肯定されなければならない。というのは、ドイツにおけるのと同様、多くの国では、通常目的に適しているか否かの判断において売主の視点は顧慮されず、買主保護思想が中心に置かれているからである。[103][104] これに対して、国連売買法によれば、売主は輸入国の法律上の諸規定を知っている必要はないので、輸出国ではもちろん、輸入国においても、売れなかった物品を買主は引き取り、代金を支払わなければならない。物品の使用地がどこかを売主が知っている場合でさえも、この点に違いはない。但し、売主にその地で行われている諸規定が知られているときは、この限りではない。[105]

1　買主の瑕疵担保権（細目）

法的救済として規定されているのは、事後履行、契約解除、減額、損害賠償、これらであるが、事後履行が他の救済策よりも優先することは知られていない。ここでは、事後履行と契約解除を取り上げ、その後に損害賠償に触れることとする。

(1)　事後履行

事後履行の権利は第四六条以下に定められている。そこで知られているのは、修補（Nachbesserung）と代替品引渡（Neulieferung）である。後者（代替品引渡）を請求できるのは、第四六条第二項によれば、重大な契約違反があるとき（第二五条）だけである。物品が買主にとってまったく使用不能であるときは、むろん、重大な契約違反となる。契約に忠実な当事者にとって、契約実施に関する利益がなくなるというかたちで、契約に忠実な当事者の期待が裏切られるときも、重大な契約違反となる。[106] 販売された物品が供給されないときは、個々の売買契約の根底にある給付交換の利益が侵害されることとなり、その結果、契約上の利益に関して重大な侵害があると考えられなければならない。[107] 引渡が遅れていても、引渡期日を厳守することが買主にとって特別の意味を持つときでなければ、重大な契約違反は生じない。[108] このことは、少なくとも、明示の合意による定期行為の場合[109]と季節商品の場合[110]にあてはまる。引渡期日の厳守という点に関して買主がどのような特別の利益を有するかは、事案の状況によりさまざまである。[111] たとえば、物品の価格が頻繁にかつ大きく変動しがちだという意味で不安定な市場において当該物品の取引が行われる場合、転々と譲渡されることを考えに入れてそのような状況に合うようなかたちで特定物の売買が行われる場合などがこれに当たる。[112] 履行拒絶も重大な契約違反となり得る。[113] 契約に違反して行なわれる物品引渡——ここには、契約上、瑕疵ある引渡や、不真正物品の引渡（Falschlieferung）ないし合意された目的物と異なる物品の引渡（aliud-Lieferung）も含まれる——が重大な契約違反とみなされるのは、損害賠償や減額で処理することを買主にまったく期待できないほど、この種の逸脱の度合いが著しいときのみである。[114] いつでも個別具体的事案の全体像を考えなければならず、売主の行為の場合と同様、買主側の時間的必要性も顧慮されなければならない点を考えれば、修補が不能であっても、そのことだけで必然的に重大な契約違反となるわけではない。[115] 客観的にみて重大な瑕疵があっても、それが容易に除去され得るものであり、かつ、予期せぬ遅延や負担を買主側に生じさせることなく、売主が対処できるときは、重大な契約違反とはならない。[116] 最後に、瑕疵ある物品が引き渡された場合であっても、通常のビジネス取引において、買主の側で——たとえ値下がりがあるにせよ——極端な出費を伴うことなく、修補とは別の方法で当該物品を加工したり除去したりすることが可能でありかつ買主にそれを期待できるときも、重大な契約違反とはならない。[117] むろん、その場合、買主は、そのことを通じて買主に発生する損失およびコストを売主に対し、損害賠償のかたちで請求することができる。[118]

さらに次の二つの観点が顧慮されなければならない。第一に、債権者利益を実質的に侵害するような契約違反があっても、契約に違反した当事者がそのような結果をまったく予見せずかつそのような結果を予見しなければならなかったとはいえない場合、例外的に、こうした違反は重大な契約違反とはならない（第二五条後段）。第二に、第八二条第一項が規定するように、受け取ったときと実質的に同じ状態で買主が売主に物品を返還する旨の原則も顧慮されなければならない。契約解除がそうであるのと同様に、買主は、原則として、買主が受け取っていた物品を買主が返還可能な状態に置いていたときしか、代替品の引渡を要求することができない。

(2) 契約の解除

契約が当初の合意と実質的に異なっているか否かを判断する要件は、契約解除権として、第四九条第一項a号に定められている。同様に、そもそも引渡が行われていなかった場合、そして、売主のために設けられた付加期間が無駄に過ぎた場合、買主は第四九条第一項b号に従って契約を解除することができる。売主が付加期間内に物品を引き渡していても、その引渡が正当な債権の履行とは無関係に行われたときも、買主は契約を解除することができる(119)。倉庫にある物品や運送中の物品の販売において、文書の引渡が適時になされないことも、契約の不履行とみなされる(120)。物品を入手するために、物品の買主が有価証券的性質を有する文書を必要とする限り、このことは、送付売買――この場合、引渡はもともと運送人への引渡というかたちで行われる――の場合にも、あてはまる(121)。これに対して、付加期間の設定は、引き渡された物品に関して契約違反があった事例へとむやみに拡張されてはならない(122)。というのは、国連売買法は第三五条第一項により、契約に適合した物品でない場合、不完全な引渡と不真正引渡とを区別していないからである。どちらの場合も、契約を解除する権利をもたらす付加期間を設定する時点で、買主から売主に対して最後のチャンスが提供されているということが、売主にとって認識できることが前提とされている。[123]

確かに、買主の契約解除権には原則として期限は付されていない。そもそも引渡が行われていない場合、このことは無制限にあてはまる。引渡が行われていなければ、引渡期限が過ぎた後、買主は任意の時点で契約解除の意思を表示することができる。[124] しかし、売主により直接にまたは売主のために行動する第三者[125]により間接に引渡が行われていれば、買主は、物品が引き渡されたことを知った後、適切な期限内に限り、解除の意思を表示できるにすぎない。その場合、どの程度であれば適切な期限といえるかに関して統一された見解はまだない。機械の場合、三か月という期限は適切であろうし、[126] 乗り物の場合には、二か月プラス一八日という期限が過ぎたことで遅延したと判断された例がある。[127] いずれにせよ、履行が期限後四、五か月も経ってから行われていたときは、適切な期限とはいえないであろう。[128]

2　買主の権利主張

契約に適合しない物品の引渡を理由とする請求権を主張する上で、契約に適合しないことを適切な期限内に売主に通知することは、第三九条により、買主の義務とされている。この通知は、明白なものでなければならず、物品の性状がクレームの対象となっておりかつ当該行為が不履行を督促するものではないという趣旨を売主に悟らせるものでなければならない。[129] どの程度の長さならばクレーム申立期間として「適切」かは、個別具体的事案の状況に応じてそのつど判断されなければならない。その場合には、特に物品の種類や瑕疵の態様が顧慮されなければならない。[130] 傷みやすい物品（食品、生花）や季節商品の瑕疵に対するクレームは、耐久性のある物品や季節商品ではないものに対するそれよりも迅速に行われなければならない(131)。瑕疵を理由に買主に与えられる法的救済も、クレーム申立期間の長さという点で重要となり得る(132)。買主が後日の引渡や契約の解除を求めようとすれば、買主が物品を手元に保持したままで代金の減額や損害賠償のみを要求する場合と同様、買主は当該瑕疵につき迅速にクレームを申し立てなければならない。というのは、減額の場合、売主は物品の返送につき予防措置を講じなければならないからである(133)。最後に、商人が行うクレームの申立期間は商人以外の者が行うクレームの申立期間よりも短い(134)。クレーム申立期間の短縮や延長を認める特別の事情があるときは、一方の、ドイツ法圏における極めて短いクレーム期間と、他方の、これよりもずっと寛大な姿勢を示している英米法上の実務や、フランス法におけるクレーム申立期間（概して、二週間から長くてもほぼ一か月）との間で、妥協がはかられなければならない(135)。

通知期間は、買主が瑕疵を確認していた時または確認しなければならなかった時から、進行する。型どおりの検査だけで瑕疵を認識できる場合、買主が瑕疵を確認しなければならない時点は、第三八条による検査期間の終了時と一致する(136)。検査期間終了前に、または、義務付けられた範囲を超えて検査を集中的に行った結果、買主が瑕疵を発見していた場合、クレーム申立期間は繰り上げられた時点から進行する(137)。もちろん、この場合でも、基準とされた引渡期限よりさらに繰り上げられるわけではない(138)。基準とされた引渡期限より前にクレーム申立期間を繰り上げることはできないという点は、合意された時点よりも前に引き渡すことは契約義務違反となるという点から明らかになる(139)。これに対して、検査を適切に行っても瑕疵を発見できなかった場合、検査期間とは関わりなく、買主が契約違反の事実を確認したときに初めて、クレーム申立期間が進行する(140)。もちろん買主は、信義誠実の原則により、誠実に検査する義務を負う。買主がこの義務を懈怠している場合、買主が瑕疵を発見できる時から、クレーム申立期間が進行する。[141] このことは、第三八条の検査義務がすでに尽くされているときもあてはまる。[142] 適合性の有無の検査が誠実に行われているかどうかの判断にあたっては、もちろん、特に厳しい条件が設けられなければならない。というのは、物品検査は一度行われれば足りるのであり、買主は検査の継続を義務付けられていないからである。[143] 少なくとも顧客の反応を待つだけでは不十分であり、抜取検査が定期的に行われなければならない。[144][145]

瑕疵に対するクレームが適法にかつ期間内に行われたという点についての証明責任を負うのは買主である。[146] 第二七条は通知の不到達というリスクから買主を軽減しているので、買主は、通知が売主に届いたことを証明する必要はない。[147] 第三九条第一項に定められたクレームが行われていなければ、普通、買主の瑕疵担保権は全面的に失われる。買主が瑕疵のクレームを申し立てなかったことにつき合理的な理由がある場合において、例外的に減額を求める権利や——得るはずであった利益の喪失分を除いて——損害賠償を求める権利が買主に留保されているときに限られるが、第四四条は瑕疵担保権の喪失という重大な法律効果の発生を緩和している。それでも、第三九条第二項所定の除斥期間たる二年間が経過したときは、買主はもはやこの責任阻却事由を主張することができない。[148] この点は、正当性という観点から当事者双方の利益がどのように比較衡量されるかという点の判断に左右される。売主の寄与過失が何よりも専門家鑑定人の鑑定書に基づいて確定されているとか、早期のクレーム申立を買主に期待することができなかったとか、クレーム申立の遅延により想定外の不利益が売主に発生していないとかという場合には、責任阻却を申し立てる買主の主張を考慮する余地がある。[149]

(102) このことがあてはまる裁判例として、BGH, NJW 1995, 2099 zugrunde, CISG-online, Nr. 144.

(103) 民法典第四三四条第一項第二文第二号。

(104) 民法典第四三四条第一項第二文第二号は、そこでは、明示的に、買主の正当な期待に依拠している。

(105) ÖstOGH, CISG-online, Nr. 1495; *Piltz*, NJW 2009, 2258, 2262.

(106) OLG Frankfurt, NJW 1992, 633, 634, CISG-online, Nr. 28 ; *Staudinger/Magnus*, Art. 25 Rn. 13; *Benicke*, IPRax 1997, 326, 329; *Holthausen*, RIW 1990, 101, 102.

(107) *Schlechtriem/Schwenzer/Schlechtriem*, Art. 25 Rn. 17.

(108) OLG Hamm, OLGR 2002, 185, 188; LG Halle, Urteil, CISG-online 521; MünchKommBGB/*P. Huber* Art. 49 Rn. 34; *Staudinger/Magnus*, Art. 25 Rn. 22; Herber, IHR 2003, 177.

(109) OLG Düsseldorf, IHR 2005, 24, 25; OLG Hamm, OLGR 2002, 185, 188; UNCITRAL Digest, Art. 25 Anm. 9; MünchKommBGB/*Gruber*, Art. 25 Rn. 21; *Ferrari*, IHR 2005, 1, 7; *Herber*, IHR 2003, 177.

(110) UNCITRAL Digest, Art. 49 Anm. 9; MünchKommBGB/*Gruber*, Art. 25 Rn. 21; *Schlechtriem/Schwenzer/Müller-Chen*, Art. 25 Rn. 5; *Lurger*, IHR 2001, 91, 94. Vgl. aber auch OLG Oldenburg, Urt. vom 27.3.1996 - 12 O 2541/95, CISG-online 188, これによれば、夏服（Sommerkleidung）を一日遅れで引き渡したことは、重大な契約違反とはみなされていない。

(111) UNCITRAL, Art. 25 Digest Anm. 9; MünchKommBGB/*P. Huber* Art. 46 Rn. 34; *Schlechtriem/Schwenzer/Schlechtriem*, Art. 25 Rn. 18; *Graffi* in: *Ferrari* (Hrsg.), The 1980 Uniform Sales Law, 2003, S. 305, 313, ここで例として挙げられているのは、買主が売主に対して期日を指定したが、買主自身が当該物品の転売先である自分の顧客に対して引き渡さなければならない期日を、買主が売主に指定していた事案である。

(112) *Staudinger/Magnus*, Art. 49 Rn. 10.

(113) Schiedsgericht der Hamburger freundschaftlichen Arbitrage, IHR 2001, 35, 37; Schiedsgericht der Handelskammer Hamburg, NJW 1996, 3229, 3231, CISG-online, Nr. 187; MünchKommBGB/*Grube*, Art. 25 Rn. 20; MünchKommHGB/*Benicke*, Art. 25 Rn. 32; *Schlechtriem/Schwenzer/Schlechtriem*, Art. 25 Rn. 17; *Staudinger/Magnus*, Art. 25 Rn. 20; *Ferrari*, IHR 2005, 1, 6.

(114) BGHZ 132, 290, 298 f. CISG-online, Nr. 135; *Benicke*, IPRax 1997, 326, 329; *Staudinger/Magnus*, Art. 25 Rn. 27.

(115) BGHZ 132, 290, 299 = NJW 1996, 2364, CISG-online, Nr. 135.

(116) OLG Koblenz, IHR 2003, 172, 175; OLG Köln, IHR 2003, 15, 16 f., これらの事案では、瑕疵が多数見出されたため、買主は、

売主側の修補――当該修補は当該物品の一部についてしか行われておらず、しかも具体的な完成時点に言及されていなかった――準備に巻き込まれずに済んでいた。Handelsgericht des Kantons Aargau, IHR 2003, 178, 180; *Achilles* Rn. 4, Art. 48 Rn. 5; *Brunner*, Art. 25 Rn. 14; MünchKommHGB/*Benicke*, Art. 25 Rn. 28, Art. 48 Rn. 10 f.; MünchKommBGB/*P. Huber*, Art. 49 Rn. 29, 38; *Schlechtriem/Schwenzer/Schlechtriem*, Art. 25 Rn. 20; *Schlechtriem/Schwenzer/Müller-Chen* Art. 49 Rn. 8, 9; *Piltz* § 5 Rn. 162; *Schlechtriem*, FS Trinkner, 1995, S. 321, 327; *Ferrari*, IHR 2005, 1, 7; *Fountoulakis*, IHR 2003, 160, 168; *Lurger*, IHR 2001, 91, 98 f.; a.A. *Graffi* in: *Ferrari* (Hrsg.), The 1980 Uniform Sales Law, 2003, S. 305, 319 f.; *Koch* in: Review of the Convention on Contracts for the International Sale of Goods (CISG) 1998, 1999, S. 177, 323 f.

(117) BGHZ 132, 290, 298; CISG-online, Nr. 135; OLG Frankfurt, NJW 1994, 1013, 1014, CISG-online, Nr. 123; OLG Stuttgart, OLGR 2002, 148; OLG Köln, IHR 2003, 15, 16 f.; *Achilles* Art. 25 Rn. 4; *Schlechtriem/Schwenzer/Schlechtriem*, Art. 25 Rn. 21a; *Staudinger/Magnus*, Art. 46 Rn. 39; *Ferrari*, IHR 2005, 1, 7. ドイツ判例とフランス判例との間にみられるこの点の不一致を指摘するものとして、*Graffi* in: *Ferrari* (Hrsg.), The 1980 Uniform Sales Law, 2003, S. 305, 317 ff., LG München, IHR 2003, 233, 235, CISG-online, Nr. 654 によれば、買主が瑕疵ある物品を利用しているときは、重大な契約とはならない。これについて批判的なものとして、*Butler*, IHR 2003, 208, 210 ff.

(118) MünchKommBGB/*P. Huber* Art. 49 Rn. 39.

(119) Schweizer Bundesgericht, Urt. v. 20.12.2006 - 4C.314/2006/len, この裁判は、買主が一部を相殺したにも拘わらず、購入代金全額について、債権の回収が主張されたものである。

(120) *Herber/Czerwenka*, Art. 49 Rn. 9; Honsell/*Schnyder/Straub*, Art. 49 Rn. 100; Staudinger/*Magnus*, Art. 49 Rn. 17, 22; これと異なるものとして、Schlechtriem/Schwenzer/*Müller-Chen*, Art. 49 Rn. 18, 19.

(121) Honsell/*Schnyder/Straub*, Art. 49 Rn. 10; nach Schlechtriem/Schwenzer/*Müller-Chen*, Art. 49 Rn. 18 gilt dies unabhängig davon, ob der Käufer das Dokument benötigt, um die Ware am Bestimmungsort in Empfang zu nehmen oder nicht.

(122) BGHZ 132, 290, 296 f., CISG-online, Nr. 135; MünchKommHGB/*Benicke*, Art. 49 Rn. 48; MünchKommBGB/*P. Huber*, Art. 49 Rn. 7; Schlechtriem/Schwenzer/*Müller-Chen*, Art. 49 Rn. 15; a.A. aber OLG Düsseldorf, NJW-RR 1994, 506.

(123) *Hof Arnhem*, Urt. v. 7. 10. 2008, CISG-online, Nr. 1749.

(124) Honsell/*Schnyder/Straub*, Art. 49 Rn. 39; Schlechtriem/Schwenzer/*Müller-Chen*, Art. 49 Rn. 27; Staudinger/*Magnus*, Art. 49 Rn. 30; しかし、これと見解を異にするものとして、Schlechtriem/Schwenzer/*Hornung/Fountoulakis*, Art. 26 Rn. 16 がある。

この文献は、あらゆる事案で投機により損害を受ける危険性を避けるべく、適切な期間を遵守するように推奨している。

(125) MünchKommBGB/*P. Huber*, Art. 49 Rn. 60.

(126) *Zivilgericht Basel-Stadt*, CISG-online, Nr. 1731.

(127) *OLG Stuttgart*, IHR 2008, 102, 105, CISG-online, Nr. 1658.

(128) Rechtbank Utrecht, Urt. v. 18. 7. 2007, CISG-online, Nr. 1551. A.A. aber OLG Koblenz, CISG-online, Nr. 1733.

(129) OLG Hamburg, IHR 2008, 98, 100, CISG-online, Nr. 1681.

(130) *Schlechtriem/Schwenzer/Schwenzer*, Art. 39 Rn. 16; *Staudinger/Magnus*, Art. 39 Rn. 42 f.

(131) Rechtbank Zupthen, CISG-online, Nr. 1692 zu Zitrusfrüchten; *Achilles*, Art. 39 Rn. 10; MünchKommBGB/*Gruber*, Art. 39 Rn. 35; *Magnus*, TranspR-IHR 1999, 29, 32. 国際的な生花の取引（Blumenhandel）では、一日というのがクレーム申立期間として例示されている。参照されるのは、OLG Saarbrücken, NJW-RR 1999, 780, CISG-online, Nr. 354 である。

(132) 参照されるのは、*Achilles*, Art. 39 Rn. 10; *Schlechtriem/Schwenzer/Schwenzer*, Art. 39 Rn. 16; *Staudinger/Magnus*, Art. 39 Rn. 48 である。

(133) *Bianca/Bonell/Sono*, Art. 39 Anm 1.5; *Staudinger/Magnus*, Art. 39 Rn. 48.

(134) *Achilles*, Art. 39 Rn. 10; *Staudinger/Magnus*, Art. 39 Rn. 47; vgl. auch MünchKommBGB/*Gruber*, Art. 39 Rn. 37.

(135) BGH, ZIP 2000, 234, 236 = NJW-RR 2000, 1361, CISG-online, Nr. 475 ; BGHZ 129, 75, 85 f. = NJW 1995, 2099, CISG-online, Nr. 144 ; OLG Hamburg, IHR 2008, 98, 99, CISG-online, Nr. 1681; OLG Saarbrücken, IHR 2001, 64; LG Bamberg, IHR 2007, 113, 115, CISG-online, Nr. 1400 ; OLG Oldenburg, DB 2001, 1088, CISG-online, Nr. 618 : 一か月をける期間は適切とは考えられていない。*Achilles*, Art. 39 Rn. 11; MünchKommBGB/*Gruber*, Art. 39 Rn. 34; *Schlechtriem/Schwenzer/Schwenzer*, Art. 39 Rn. 17、そこでは、諸国の規定相互間にみられる違いが概観されている。*Witz/Salger/Lorenz/Salger*, Art. 39 Rn. 6; a.A. *Staudinger/Magnus*, Art. 39 Rn. 49:、検査の実施と瑕疵の通知を合わせた期間は約二週間である。これと同旨のものとして、MünchKommHGB/Benicke, Art. 39 Rn. 7; 参照されるものとしては、複数の締約国において下された――一部部分的に相反する内容の――判例に関する論証（Nachweise）もある。*Piltz*, NJW 2003, 2056, 2062; ders., NJW 2005, 2126, 2129 f.

(136) *Schlechtriem/Schwenzer/Schwenzer*, Art. 39 Rn. 20.

(137) MünchKommBGB/*Gruber*, Art. 39 Rn. 26.

(138) *Piltz*, § 5 Rn. 61; *Schlechtriem/Schwenzer/Schwenzer*, Art. 39 Rn. 21; *Staudinger/Magnus*, Art. 39 Rn. 33; a.A. insoweit

MünchKommHGB/*Benicke*, Art. 39 Rn. 5; wohl auch MünchKommBGB/*Gruber*, Art. 39 Rn. 26.

(139) MünchKommHGB/*Benicke*, Art. 39 Rn. 5; MünchKommBGB/*Gruber*, Art. 39 Rn. 26; *Enderlein/Maskow/Strohbach* Anm. 4; *Schlechtriem/Schwenzer/Schwenzer*, Art. 39 Rn. 19.

(140) *Staudinger/Magnus*, Art. 39 Rn. 31.

(141) この点を明示的に先送りしているものとして、BGH, TranspR-IHR 2000, 1, 2 m. Anm. *Taschner*.

(142) これと見解を異にするものとして、MünchKommBGB/*Gruber*, Art. 39 Rn. 31.

(143) *Schlechtriem/Schwenzer/Schwenzer*, Art. 39 Rn. 20、いわゆる「目についた瑕疵（ins Auge springende Mängel）」。*Staudinger/Magnus*, Art. 39 Rn. 32.

(144) So fälschlich LG Berlin, IHR 2008, 168, CISG-online, Nr. 1620.

(145) OLG Köln, IHR 2007, 200, 205, CISG-online, Nr. 1581 ; OLG Dresden, CISG-online, Nr. 1624.

(146) AG Freiburg, CISG-online, Nr. 1596.; 参照されるものとしては、MünchKommHGB/Benicke, Art. 39 Rn. 12 もある。

(147) MünchKommBGB/*Gruber*, Art. 39 Rn. 56; *Schlechtriem/Schwenzer/Schwenzer*, Art. 39 Rn. 37.

(148) *Achilles*, Art. 44 Rn. 1; MünchKommBGB/*Gruber* Rn. 1; *Staudinger/Magnus*, Art. 44 Rn. 1, 7.

(149) OLG Saarbrücken, IHR 2008, 55, 59, CISG-online, Nr. 1642.

Ⅶ　損害賠償

損害賠償を求める請求権は第四五条以下と第七四条以下に規定されている。損害賠償は金銭で給付されなければならず、合意されていた通貨または債権者の本拠で通用している通貨[150]により、第一次義務が履行される地で、履行されなければならない[151]。金額の算定については、裁判所により最終判断が下された時点での損害が基準となる[152]。損害賠償請求を行う要件は、契約義務違反の存在である（第四五条第一項、第六一条第一項）。そこではどんな種類の契約義務

――もっとも、契約交渉の際に締結された仮契約上の義務は含まれない[153]――違反も考慮されるのであって、どの義務にも第二五条の意味における重大な契約違反が見出されなければならないわけではない[154]。国連売買法は保証責任を定めている。しかし、すべての過失が証明されなければならないわけではないという点が、国連売買法の適用上、輸入業者にとって大きな意味を持っている。

損害は契約違反によって発生していなければならない。損害内容の確定、損害発生の防止、損害額の減額、これらに関する適切な支出も請求可能な賠償の範囲に含まれる[155]。このことは、損害を予防するために行なわれる裁判外での権利追求費用[156]、たとえば、期限後に弁護士が出す督促状関連費用[157]についてもあてはまるが、代金回収業者に依頼する費用は除かれる。というのは、代金回収業者は権利を実現する役割を担うわけではないからである[158]。訴訟費用の支払については、原則として、準拠法とされる手続法による[159]。弁護士の手数料は、必ずしも常に第七四条の賠償範囲に含まれるとはいえないので、これに関しては、契約で取り決めておくことが推奨される[160]。

第七四条第二文によれば、最終的に賠償範囲に含まれるのは、債務者が契約締結時[161]に契約違反から生じ得る結果として予見していた損害、または、債務者が知っていたか債務者に知られていなければならなかったような事情の下に債務者が予見することのできた損害、これらのみである。正確な因果の経緯を予見することも、厳密な損害額を予見することも、必要とされていない。損害の発生とおおよその損害額の可能性を予見するだけで足りる[162]。予見されなければならないのは、特に、権利を適切かつ正当に追求するために支出された費用である[163]。このことは、裁判外で行なわれる権利追求のための督促費用にもあてはまる[164]。

(150) MünchKommBGB/*P. Huber*, Art. 74 Rn. 53, そこでは、もちろん、補填行為（Deckungsgeschäft）を行う場合、補填行為で使用される通貨が基準となるという点に言及されている。*Staudinger/Magnus* Rn. 56; *Piltz* § 5 Rn. 467; *Roßmeier*, RIW 2000, 407, 412; これと見解を異にするものとして、OLG Hamburg, CISG online 261; MünchKommHGB/*Mankowski*, Art. 74 Rn. 14; *Schlechtriem/Schwenzer/Stoll/Gruber*, Art. 74 Rn. 30, これは損害発生地の通貨に依拠しているが、しかし、このような考えを採用することは実務上難しく、計量不能という結果が生じよう。MünchKommHGB/*Mankowski*, Art. 74 Rn. 14 は、しかしながら、債権者の本拠地の通貨や具体的事情からみて契約に忠実な当事者側の営業所所在地の通貨に依拠することに疑問を呈している。

(151) MünchKommHGB/*Mankowski*, Art. 74 Rn. 15; *Soergel/Lüderitz/Dettmeier*, Vor Art. 74 Rn. 11; *Schlechtriem/Schwenzer/Stoll/Gruber*, Art. 74 Rn. 27; *Staudinger/Magnus* Rn. 57; *Roßmeier*, RIW 2000, 407, 412.. これと異なる見解によれば、問題となるのは、逆に、持参債務である。OLG Düsseldorf, RIW 1993, 845, CISG-online, Nr. 74; MünchKommBGB/*P. Huber* Rn. 54, Art. 74; *Piltz* § 5 Rn. 467.

(152) *Schlechtriem/Schwenzer/Stoll/Gruber*, Art. 74 Rn. 33; *Staudinger/Magnus*, Art. 74 Rn. 55.

(153) *Honsell/Schönle*, Art. 74 Rn. 6; *Schlechtriem/Schwenzer/Stoll/Gruber*, Art. 74 Rn. 11; *Staudinger/Magnus* Art. 4 Rn. 42.

(154) MünchKommHGB/*Mankowski*, Art. 74 Rn. 5; *Schlechtriem/Schwenzer/Stoll/Gruber*, Art. 74 Rn. 7.

(155) BGH, NJW 1997, 3311, 3313; *Schlechtriem/Schwenzer/Stoll/Gruber*, Art. 74 Rn. 19; *Staudinger/Magnus*, Art. 74 Rn. 54.

(156) OLG Hamm, OLGR 2002, 185, 189; LG Frankfurt/M., RIW 1991, 952, CISG-online, Nr. 26 ; AG Viechtach, CISG-online, Nr. 755; LG Krefeld, CISG-online, Nr. 101: Kosten im Zusammenhang mit der Androhung und der Erklärung der vorzeitigen Vertragsaufhebung; MünchKommHGB/*Mankowski*, Art. 74 Rn. 33; *Schlechtriem/Schwenzer/Stoll/Gruber*, Art. 74 Rn. 20. これに対して批判的なものとして、*Flechtner*, Northwestern Journal of International Law & Business 121 (2002), 152 f., www.cisg.law.pace.edu/cisg/biblio/flechtner4.html.

(157) OLG Düsseldorf, CLOUT Nr. 169 = RIW 1996, 958, 960, ; CISG-online, Nr. 201 LG Berlin, IHR 2003, 228.

(158) OLG Köln, OLGR 2006, 574, CISG-online, Nr. 1218 ; OLG Düsseldorf, RIW 1995, 53, 55, CISG-online, Nr. 116 ; LG Frankfurt/M., RIW 1991, 952, CISG-online, Nr. 26; AG, CLOUT Nr. 296; *Honsell/Magnus*, Art. 77 Rn. 11. これに反対する主張を述べているものとして、*Herber/Czerwenka*, Art. 74 Rn. 7; MünchKommHGB/*Mankowski*, Art. 74 Rn. 34; *Schlechtriem/Schwenzer/Stoll/Gruber*, Art. 74 Rn. 20; *Staudinger/Magnus*, Art. 74 Rn. 51 そのことが適切か否かの判断に際して、代金回収費用についても支

払能力があるか否かに触れたものとして、OLG Rostock, OLGR 1996, 50 = CISG online 209, その前提には、誤った認識、すなわち、geht dagegen fälschlich davon aus, この問題が国連国際動産売買条約によってではなく、国家法によって判断されるという認識がある。

(159) U.S. Court of Appeals for the 7th Circuit, IHR 2003, 128 f.; U.S. District Court for the Northern District of Illinois, Eastern Division Urt. vom 29.1.2003 - No. 01 C 5938, CISG online 772; U.S. District Court for the Northern District of Illinois, Eastern Division Urt. vom 21.5.2004, Unilex; *Brunner* Rn. 31; MünchKommBGB/*P. Huber*, Art. 74 Rn. 43; MünchKommHGB/*Mankowski*, Art. 74 Rn. 35; *Schlechtriem/Schwenzer/Stoll/Gruber*, Art. 74 Rn. 20; *Staudinger/Magnus*, Art. 74 Rn. 52.

(160) *Piltz*, NJW 2003, 2056, 2063; *ders.*, NJW 2005, 2126, 2131.

(161) *Bianca/Bonell/Knapp*, Art. 74 Anm. 2.13; *Enderlein/Maskow/Strohbach*, Art. 74 Anm. 7; *Honsell/Schönle*, Art. 74 Rn. 26; *Schlechtriem/Schwenzer/Stoll/Gruber*, Art. 74 Rn. 37.

(162) OGH, IHR 2002, 76, 80; Handelsgericht St. Gallen, IHR 2003, 181, 185 = CISG online 727; *Honsell/Schönle*, Art. 74 Rn. 22; MünchKommBGB/*P. Huber*, Art. 74 Rn. 28.

(163) *Honsell/Schönle*, Art. 74 Rn. 29; MünchKommBGB/*P. Huber*, Art. 74 Rn. 42; MünchKommHGB/*Mankowski*, Art. 74 Rn. 33; *Staudinger/Magnus*, Art. 74 Rn. 51.

(164) OLG Düsseldorf, CLOUT Nr. 169 = RIW 1996, 958, 960, CISG-online, Nr. 201; LG Berlin, IHR 2003, 228; OLG Düsseldorf, CISG-online, Nr. 916; MünchKommBGB/*P. Huber*, Art. 74 Rn. 42; MünchKommHGB/*Mankowski*, Art. 74 Rn. 33; *Schlechtriem/Schwenzer/Stoll/Gruber*, Art. 74 Rn. 20; *Staudinger/Magnus*, Art. 74 Rn. 51.

Ⅷ　要　約

そもそも国連売買法は誰のためにあるのだろうか。もちろん第一次的には、国際取引を行う者のためにある。国連売買法が提供する利点は買主のためであるのと同様に売主のためでもあり、輸入業者のためであるのと同様に輸出業者のためでもある。個別具体的事案において国連売買法が誰を優遇しているかは、具体的な諸事情に依存しているだけでなく、その際に現れる選択肢によっても左右される。普通に考えれば、国家法秩序も自治団体の内部ルールも、一方の当事者のみに重荷を負わせるものであるといった理解には、疑問がある。少なくともドイツ法の観点からみると、ドイツ民法典上の瑕疵担保法が認める効力よりも国連売買法の効力の方が、売主にとってずっと有利であるということができる。損害賠償責任が常に過失と切り離されているという点は確かに売主からみると短所ではあるが、輸入業者からみると有利な点である。国連売買法の適用可能性を当事者が任意に操作できるという点を理由に、右のような指摘に反対することもできよう。国連売買法が適用されれば、準拠法選択の際の法的安定性、瑕疵の判断における売主側の視点の考慮、重大性という要件の具備などが決定的な長所となろう。また、消費財売買法は国連売買法に含まれていない。ヨーロッパで行なわれる企業間取引では、商人間連鎖における償還請求権（求償権）[165]——その法的根拠は消費財売買指令[166]第四条にある——が危惧されることがないという点も長所となろう。

どの例にも言えることであるが、国際物品売買契約に関する国連条約もまた、施行後三〇年を経て、極めて生命力にあふれる素材である。われわれは、いつでも実務、特に個別裁判例を通じて、実体法上どのような新しい問題が発生しているか、そしてどの点に疑問があるかという点に関心を向けてきた。この点は、国連売買法と抵触法との関係を論じる場合にも、国連売買法と国際民事訴訟法との関係をめぐってバランスをとる場合にもあてはまる。締約国の数が増え続けてきたことによって、この国連条約の規定は生命を保つことができている。どの論議も——さまざまな法的伝統に対して影響を及ぼす——多様な見解によって、新たな生命を吹き込まれている。意見の多様性に鑑みると、この条約が一つの法典として掲げる諸原則を肝に銘じかつすべての加盟国で統一的な適用を目指して努力し続けるこることになろう。この点は将来においてもなお大きな課題であり続けるだけでなく、さらに厳しい試練に遭遇することであろう。日本もまた、こうした論議の渦中にすでに取り込まれており、今後その度合いも一層大きなものとなろう。国連売買法の解釈に関する日本の判例と文献を集めることだけでなく、条約上の言語を介して——つまり、日本語を使いこなせない者にとっても理解できるよう——それらの資料に接近しやすくすることにも、日本の関係者は大きな責任を負っている。これこそ日本が果たすべき新しい挑戦であり、われわれは皆、そうした方向へ向けて日本がさらに発展することを、大きな関心と喜びをもって、期待したい。

(165) ドイツ法では、民法典第四七八条第二項がそうである。
(166) 一九九九年五月二五日の消費財売買の一定の局面および消費財の保証についてのヨーロッパ共同体指令一九九九年第四四号（ABl. EG 1999 Nr. L 171 S. 12)。

生者に対する死者の支配

――ドイツ財団法の発展――

鈴木博人訳

目次

I　財団の構造上の特徴としての財団の目的

各財団の構造上の特徴は財団の目的にある。(1)　このようにいうとき、財団はたった一つの目的だけに限定される必要はない。(2)　通説は、すでに二〇〇二年の財団法改正前にも、(3)　公益に合致する多目的財団という構想を追求した。多目的財団にあっては、設立者が積極的な目的準則にも、公益の促進にも拘束されていない。(4)　立法者は、民法第八〇条の新文言によって公益に合致する多目的財団を明文をもって承認したのである。(5)

公益に合致する多目的財団の理想像によると、様々な目的設定が考えられる。それゆえ実務では、州の財団法では一部しか言及されていない財団の様々な現象形態が作り出された。財団の理念的な理想像は、依然として、その第一目的が理念的目標の促進に置かれている財団である。(6)　大多数の事例では、理念的な第一目的をもつ財団では、税法でいう公益財団もかかわってくると考えられる。(7)　ドイツの財団の大部分は、公課法でいう公益目的を追求している。(8)　ドイツ財団協会 (Bundesverband Deutscher Stiftungen) の調査によると、およそ一万四千のドイツの財団の約九五％が公益目的を追求している。(9)　いずれにせよすでに公益的でない財団が公共の福祉を危険にさらしてはならない、つまり公益に資するものでなくてはならない（民法第八〇条第二項）。(10)　財団の目的が法律上の禁令もしくは善良な風俗に違反するときには、公共の福祉の危険が想定されなくてはならない。(11)　財団がその定款によると憲法上の法益を侵害するときにも、民法第八〇条第二項の承認は拒絶されなくてはならない。財団の目的の追求により憲法上保護された権利と法益の侵害という事態に立ち至りうるということに十分な蓋然性があるときにはすでに、とくに公共の福祉の危険が想定されうるというべきである[12]——このことは実務上はきわめて重要である[13]。

民法第八〇条第二項の公共の福祉の留保とならんで、支配的見解によると、財団目的の別の不文の制限が存在する。すなわち、財団は、純然たる自己目的財団であってはならない[14]。財団の目的にとってのこの「第二の障害」は、とりわけ企業型財団にとって重要である。「設立者のための財団」は、自分自身のために使われる特別財産を創設することを可能にするだろう。この特別財産は、債権者の差押えに対する設立者の差押え可能な持分や権利がないために不当に保護されているかもしれない[15]。しかしまた他方ではその点については控え目な態度をとって、財団の経済的活動については、会社法上の多様な構成を承認しなくてはならない。このことはとりわけ財団会社（Stiftung & Co.）[16]にあてはまる。決定的なのは唯一、純然たる財産管理を超えて、同時に営業活動が財団のための寄付の源という機能を果たす財団の目的が確定できるかどうかである[17]。財団は少なくとも、企業経営によってすでに財団の目的として排除されてしまっていない他益的性格をもっていなくてはならない[18]。

　財産の供与（Vermögensausstattung）に関しては、資本財団と施設財団に区別される。資本財団または主たる資金財団の場合、財団の目的は不動産の収益から引き出される（例えば、企業型財団により切り盛りして入手された収益）一方、施設財団の場合、財団財産の使用により直接、財団目的が達成される（例えば病院または美術館の場合）[19]。民法第八〇条第二項の文言によれば、財団目的の「長期間」の充足が確保されたと思われねばならないのであって、「永遠の」充足が確保されたと思われる必要はない。このことは、言葉の上では、——場合によっては限定されたにすぎない——財団の存続期間中の目的達成が確保されていなくてはならないというようにも解釈されうる[20]。このことによって消費財団も一定期間から、かつ財団の目的や存続期間の統一性の下で許される[21]。私的な目的に奉仕する財団は主として家族財団である。[22] 支配的な見解にしたがうと、[23] 家族財団は無制限に許されている。家族財団は、もっぱらあるいは主として、一つもしくは複数の家族の福祉に奉仕して、そのことによってたいていの場合私益的である。[24] しかし、純然たる私益的な目的と並んで、別の目的設定も追求できる。特に最近、家族財団は、企業型財団の形式で企業の後継者の道具として推奨された。[25] 家族財団は、いくつかの州の財団法では特別規定に服させられている。この特別規定の内容は、とりわけ国による財団の監督の制限もしくは完全な廃止である。[26]

市町村財団 (kommunale Stiftung) は、地方公共団体に組み込まれている財団と理解されている。その目的はこの地方公共団体の公的任務の遂行にあり、そして［地方公共］団体の機関によって運営される。[27] 財団の監督は大多数の州の財団法では、市町村財団については、地方自治監督によって代替されている。[28] 市町村財団の設立者は、市町村自身のみならず、普通の事例と同じとしても、すべての自然人または法人でありうる。[29] 最近、ドイツでもますます、特定の地方公共団体の社会活動に熱心に参加する市民が創設する「市民財団」(Bürgerstiftungen) が現れている。[30] この財団は他の多くの市民が寄付を通じて参加できるものである。特別な事情に基づき、設立目的との結びつきの堅固さもしくは地方公共団体に対して距離をとることによって際立つことになる設立が行われるべきときには、市町村自身による設立が考えられる。[31] しかしながら、このことは、市町村令の特別な法的制限を受けているわけではない。[32]

教会法の視点から世界観に基づく機関が焦点になる私法上の教会財団は、教会法にのみ服する教会法上の財団とは区別されなくてはならない。[33] 教会法上の財団の目的は、ミサまたは魂への配慮のように、そのときどきの教会の祭式だけに限られず、教会の建物の維持、聖職禄保持者の給与や手当、ならびに教育および福祉目的のような世俗的な目的も追求できるのである。[34] 教会財団に関する州法の規定は、公法上の団体という法的地位のユダヤ教団および宗教ならびに世界観を同じくする団体にも同じように適用されうるのである。[35] 教会財団の内部的な法律関係については、私法は、部分的に自立的な教会法によって排除され（Art. 137-139 WRV と結びついた基本法第一四〇条）。たしかに原則として、民法第八〇―第八七条が適用されるが、教会には、基本法、政教条約ならびに州財団法によって、国内の教会財団法が自己責任をもって規定する権限が認められているのである。[36]

（1）この目的は、「財団の魂」（*Liermann*, Deutsches Stiftungswesen 1948-1966, 1968, S.154）あるいは「財団法の核心」（Seifart/von Campenhausen/*Hof*, Handbuch des Stiftungsrechts, 3. Aufl. 2009, § 7 Rn.1）と呼ばれる。Werner/Saenger/*Nissel*, Die Stiftung – Recht, Steuern, Wirtschaft: Die Stiftung, 2008, Kap. IV, Rn.207.

（2）主たる目的および副次的目的については、Bamberger/Roth/*Schwarz/Backert*, BGB, 2. Aufl. 2007, § 80 Rn.4 を参照。継続的目的設定については、Seifart/von Campenhausen/*Hof*, Handbuch des Stiftungsrechts, § 7 Rn.75 参照。

（3）Gesetz zur Modernisierung des Stiftungsrechts BGB1. 2002 I, S. 2634.

（4）*Saenger*, FS Kollhosser, 2004, S. 592; Soergel/*Neuhoff*, BGB, 13. Aufl. 2001, § 80 Rn.11; Seifart/von Campenhausen/*Pöllath/Richter*, Handbuch des Stiftungsrechts, § 12 Rn. 136 ff.; Seifart/vonCampenhausen/*Hof*, Handbuch des Stiftungsrechts, § 7 Rn.61; Palandt/*Ellenberger*, BGB, 69. Aufl. 2010, § 80 Rn.6; *Schiffer*, ZEV1999, 424, 425; *Wochner*, BB 1999, 1441; Bericht der Interministeriellen Arbeitsgruppe Stiftungsrechts, Deutsches Stiftungswesen 1966-1976, S.391 f.

（5）*Schwarz*, DStR 2002, 1767, Bamberger/Roth/*Schwarz/Backert*, § 80 Rn. 5; Werner/Saenger/*Saenger*, Die Stiftung,Kap.V, Rn. 176; この点の明文については、Die Begründung des Gesetzentwurfes,BT-Drucksache 14/8765, S.9 も参照。

（6）しばしばこのような財団は公的（公法上の財団と混同しないように）財団とも呼ばれる。私益的財団と区別して公益に合致するもしくは公益財団という語を用いるのが正確である。

（7）Werner/Saenger/*Saenger*, Die Stiftung, Kap. V, Rn. 179.

（8）§§ 52 ff. AO.

（9）*Bundesverband Deutscher Stiftungen*, Stiftungsreport 2007, S. 25.

（10）この法的概念は、一義的に法律上定義されていない。*Saenger*, FS Kollhosser, S.600; Werner/Saenger/*Nissel*, Die Stiftung, Kap. VI, Rn. 213 ff.

（11）ラインラント・プファルツの財団管轄当局としてのトリーア市の監督およびサービス部門は、例えば、二〇〇六年八月の

決定により „Magnus-Gäfgen 財団の施設—(HORIZONTE-KINDER- UND JUGENSHILFSSTIFTUNG)“ の使用を差し止めた。二〇〇六年八月二三日の ADD Nr. 119 の新聞報道参照。

(12) Seifart/von Campenhausen/*Hof*, Handbuch des Stiftungsrechts, § 7 Rn. 71, 本書は、本文の場合に「具体的危険の大きな蓋然性」を求めている。

(13) この点については、die Entscheidung zur „Schönhuber-Stiftung“ BverfGE 106, 177; OVG Münster NVwZ 1996, 913 und *Andrick/Suerbaum*, NJW 2002, 2905, 2908 参照。しかしながら批判的なのは、*Burgard*, NZG 2002, 697, 699 und *Hüttemann*, ZHR 167(2003)35, 59.

(14) Staudinger/*Rawert*, BGB, 13. Bearb. 1995, § 80 Rn. 9; *Rawert,* Die Genehmigungsfähigkeit der unternehmensverbundenen Stiftung, 1990, S. 15; *Heuel*, Die Entwicklung der Unternehmensträgerstiftung in Deutschland, 2001, S. 149; *Trops*, AG 1970, 367, 368; *K. Schmidt*, DB 1987, 261; *Schwintowski*, NJW 1991, 2736, 2740; 見解が異なるのは、Seifart/von Campenhausen/*Hof*, Handbuch des Stiftungsrechts, § 7 Rn 57; Werner/Saenger/*Werner*, Die Stiftung, Kap. I, Rn. 17 f.; a. A. *Kronke*, Stiftungstypus und Unternehmensträgerstiftung, 1988, S. 140.

(15) MünchKommBGB/*Reuter*, BGB, 5. Aufl. 2007, Vor § 80 Rn. 52.

(16) しかし、*Hüttemann* もおそらくそうである。ZHR 167(2003), 35, 61.

(17) *Burgard*, NZG 2002, 697,700; 非常に広く解するのは Seifart/von Campenhausen/*Hof,* Handbuch des Stiftungsrechts, § 7 Rn.59; 制限的に解するのは Bamberger/Roth/*Schwarz/Backert*, § 80 Rn 5.

(18) 詳細は、Erman/*Werner*, § 80 Rn. 25 参照。

(19) Bamberger/Roth/Schwarz/Backert, § 80 Rn. 9.

(20) *Sontheimer,* Das neue Stiftungsrecht, S. 60.

(21) 同旨、*Sontheimer,* Das neue Stiftungsrecht, 2003, S. 60; Bericht der Bund-Länder-Arbeitsgruppe, G IV, S. 40.

(22) Werner/Saenger/*Werner,* Die Stiftung, Kap. I, Rn. 23.

(23) RGZ61, 28, 34ff.; Interministerielle Arbeitsgruppe Stiftungsrecht, Deutsches Stiftungswesen 1966-1976, S. 361, 392 f.; *Westermann,* FS Bartholomeyczik, 1973, S. 395, 413ff.; Erman/*Werner*, BGB, 12. Aufl. 2008, § 80 Rn. 6; 詳しくは、*Saenger*, Privatautonomie und Stifterfreiheit, in: Bundesverband Deutscher Stiftungen, Ein modernes Stiftungsprivatrecht zur Förderungng und zum Schutz des Stiftungsgedankens (Forum Deutscher Stiftungen, Band 8), 2001, S. 17 参照。

(24) MüncheKommBGB/*Reuter,* §§ 80, 81 Rn. 83; *von Löwe,* Familienstiftung und Nachfolgegestaltung, 1999.
(25) *Werner,* GmbHR 2003, 331, 338 f.; *Hennerkes/Binz/Sorg,* DB 1986, 2217ff.; 2269ff.; *Hennerkes/Schiffer,* BB 1992,1940; *Henerkes/Schiffer/Fuchs,* BB 1995, 209ff.
(26) 財団監督の全面的な放棄は、バイエルン州財団法第一条第三項ならびに財団法 Bbg（StiftGBbg）第一八条第二項第一文と関連した第一八条第一項第一文に規定されている。ノルトラインヴェストファーレン州財団法は、第六条第三項で、専らもしくは主として私的目的を追求する財団は、その活動が公共の利益に反しないことが保障されねばならないかぎりでのみ財団監督に服すると規定する。
(27) Staudinger/*Rawert,* § 80 Rn. 147.
(28) Bamberger/Roth/*Schwarz/Backert,* § 80 Rn. 13.
(29) MünchKomm/*Reuter,* §§ 80, 81 Rn. 81.
(30) *Werner,* Privatautonomie und Missbrauch der Stiftungsform, in: Mecking/Schulte, Grenzen der Instrumentalisierung von Stiftungen, 2003, S. 18; 例としては、ギュタースローの都市財団ならびにハノーバーの市民財団またはルードヴィヒスブルクの市民財団（vgl. www.buergerstiftung-ludwigsburg.de）。
(31) Werner/Saenger/*Saenger,* Die Stiftung, Kap. V, Rn. 190.
(32) 国による私法上の財団の設立については、*Kilian,* ZSt 2003, 179ff.; *ders.*, Stiftungserrichutung durch die öffentliche Hand, in: *Belazza/Kilian/Vogel,* Der Staat als Stifter, 2003, S. 11-134 参照。
(33) Erman/*Werner* § 80 Rn. 19.
(34) Bamberger/Roth/*Schwarz/Backert,* § 80 Rn. 9.
(35) MünchKommBGB/*Reuter,* §§ 80, 81 Rn. 77.
(36) カトリック教会の財団法は、例えば教会法典（Codex Iuris Canonici(CIC)）に規定されている。

Ⅱ　財団私法

1　設立 (Gründung)

財団創設 (Errichtung) 前に潜在的な設立者は、財団という法形式が自分の目的のために本当に最も役に立つ法形式であるかどうかを自問すべきであろう。[37] 例えば、設立者には比較的少額の財産しか自由にならないならば、財団創設の価値はほとんどない。というのは、その場合には、同じく少額の収益がただひたすら管理費用のために使い果たされることになるからである。ほとんどの財団監督官庁がおよそ二万五千から五万ユーロの最少資本金からはじめて財団を承認するのは理由があってのことなのである。[38] しかしながら、必要な最少資本は常に財団の目的にかかっている。[39] なるほど財団は、しばしば企業の継承のために推奨されるが、財団が常に適切であるわけではない。税法上の可能性も、この事前の考慮にあたっては顧慮しなくてはならない。財団財産の財団への供与は、原則としてもとにもどせないので[40]、潜在的財団設立者は、専門的な助言を求めるべきであろう。

(a)　存命中の創設

財団設立能力をもつのは、行為能力をもつ自然人である。[41] 法人および固有の持ち主のいる合有あるいは権利能力なき社団も設立者として考えられる。[42]その他の点では、法律行為に関する一般原則が適用される。というのは、財団〔設立〕行為は、一方的で受領の必要のない意思表示だからである。[43]財団〔設立〕行為の撤回（Widerruf）は、民法第八一条第二項に特に規定されている。民法第八一条第一項第一文は、財団〔設立〕行為は、文書によることを要すると規定している。支配的見解によると、民法第三一一b条第一項に反する土地の同時委譲もこのことを何も変えない。というのは、なお実施されなければならない承認手続が、公正証書作成の機能を肩代わりするからである。[44]

このような法令の最小限の内容は、民法第八一条第一項第三文に規定されている。すなわち、名称、所在地、目的、財産および理事会の形態が、強制的に記載されなくてはならない。そのうえさらに重要なのは、財団〔設立〕行為をできるだけ先を見通して形を整えて、様々な不測の事態のための規定を設けておくということである。[45]必要なのは、民法第八九条第二項により、財団の目的の長期間かつ持続的な充足が確保されているように思われるということである。財産の供与が財団の目的との関係で適切である場合には、事実もその通りなのである。基礎財産（Grundstockvermögen）[46]は、財団の設立者によって財団の創設を機会に寄付された財産価値を含み、そして原則としてそっくりそのまま維持されなくてはならない。[47]これとは逆に基礎財産の収益は、独自の財団目的の充足に役立つものであり、そして基礎財産にきわめて狭い限度でのみ加えることが許されているにすぎない。[48]この原則的な〔財産の〕集結禁止は、それにもかかわらず、大部分の州法で標準化された財産保持の原則によって破られている。この原則によると、財団は、財産喪失の埋め合わせのために必要な範囲内で、[49]自らの収益を基本財産強化のために投入することが許されるのである。財団の財産は、様々な資産、現金、有価証券、企業参加、芸術作品、不動産、無体財産権等から成り立っている。[50]財団財産は、強制的に、すでに財団創設時に完全に財団の意のままになる必要はない。財団を創設して承認を得るためには、目的達成のために必要な資産全体を得られる法的に十分確保された見込みで十分である。[51]財団への追加出資は、財団設立者または第三者が基本財産をふやすために財団設立後に寄贈する財産価値であるが、寄贈または寄付は財団の目的にかなった消費に使われるように決められているのである。

財団の承認によって、この財団は、民法第八〇条第一項の権利能力を取得する。承認前は、法的に自立した財団は存在しない。[52]プレ財団が存在しうるかどうか議論されている。[53]承認は条件を付けることができない(bedingungsfeindlich)。なぜなら承認によって新たな法人が法律上の取引(Rechtsverkehr)に参入するからである。しかし、財団の管轄官庁は、承認に法律行為の付款を付すことができる。[54]承認は、州法により管轄権を有する財団担当官庁に申請されなければならない。[55]「近代化された」財団私法の本質的変化として、免許制から承認手続への転換が強調されなくてはならない。従来必要とされた許可（Genehmigung）に代わって、わずかに寄付行為と州の官庁による承認が必要とされるだけである。[56]したがって、財団の成立要件は、最初に連邦で統一的な規定が設けられた。民法第八〇条第二項は今や承認に対する法律上の請求権を与えている。それゆえ、財団［担当］官庁は、「承認」という行政行為の発布に際して裁量の余地がない。承認の要件は、民法第八〇条第二項によると、財団［設立］行為は、長期間かつ持続的な財団の目的の充足が確保されているように思われ、かつ財団の目的が公益を危険にさらさないという民法第八一条第一項の要求するところで足りるのである。[57]

(b) 死亡による創設

民法第八三条は死因処分による財団の創設という可能性を規定している。[58]遺言または相続契約の枠内での終意処分が問題になる。実際には、死亡による財団の創設は好ましくない方法である。[59]より賢明なのは、すでに設立者の存命中に財団を創設することである。設立者の自律性は財団の承認とともに終了する。[60] しかしながら、設立者は、例えば自ら任じた理事として、もともとの寄付行為を顧慮して財団の活動への影響力を及ぼすのである。これとは反対に設立者が財団創設時にすでに死亡しているときには、設立者の意思を突き止めて、その意思を正当に評価することはきわめて手を焼かせることである。疑念をもちながら、財団の定款が財団の監督官庁によって作成もしくは補充されなければならず、まさにもはや私的自治の姿ではなくなる。この好ましくない状況を回避するための有意義な選択肢は、設立者存命中のいわゆる手持ち財団(Vorratsstiftung)の創設である。この財団はまず第一に少ない資本供与で創設され、そして遺言処分によってはじめて財団財産の新たな財産を得るのである。[61]

2　構　造

設立者自身は財団の機関ではない。[62] 財団が権利能力者として承認されている場合、財団は、もはや財団に影響力をもたない設立者とは独立して存在する。財団の最も重要な機関は財団理事である。財団理事は財団の法定代理人である（民法第二六条と結びついた第八六条）。[63] けれども、理事の代理権の範囲は制限されうる。[64] 設立者は自ら生存中に理事長に就任することは可能である。[65] しかしながら、目的設定に対する影響力を設立者はもはやもたない。設立者はむしろもともとの自らの設立者意思の客観的な執行者になる。新たな財団の機関の創設に関して法律は基準を設けていない。[66] そのため、財団の理事会を統制、承認ならびに解任する、もしくは資金運用を決定する別の機関が存在しうる。原則として、――構成員の地位をもたず、用益権者の地位のみをもち、そしてそれゆえ管理権もしくは統制権をもたない――受益者（Destinatären）にも、定款によってある程度の共同決定権が認容されうるのである。財団の規模や活動領域に応じて、財団の機関への異なる要求がなされるのである。そこで、財団の組織構造は、これらの要求に適合させられねばならない。小規模な財団の場合はしばしば、法定の機関としての理事会で十分である。しかし、主に評議（Beratung）ならびに／または統制機能を引受け、しばしば財産管理機関（Kuratorium）、経営管理委員会（Verwaltungsrat）または監事（Aufsichtsrat）と呼ばれる別の機関が加わりうる。財団が強い意向をもって活動する場合、株式会社同様、なお、理事会とは別の業務執行が考えられる。[67]

財団の構造は、通例すでに寄付行為で確定されている。機関構成員の任命手続として、とりわけ自己補充が考慮に値する。残っている機関構成員が新しい構成員を選んで、任命もする手続である。これとは逆に、機関構成員の任命は同じ機関の残りの構成員によってではなくて、例えば複数の機関をもつ財団の場合別の機関による任命が行われる。さらに許されるのは、任命権は財団内部の機関に割り振るのではなくて、外部の第三者に委託することである。しばしば財団の定款が予定しているのは、一定の職の保持者（例えば市町村長）による機関の任命が行われるということである。[68]機関の補充は定款によって確保されなくてはならない。というのは、そうでなければ民法第二九条と結びついた第八六条により、可能な限り避けられるべきであろうが、区裁判所によって緊急の理事が任命されることになるからである。[69]

3　義務（Verbindlichkeit）[70]と責任（Haftung）[71]

財団の財産設備請求権の充足に関する財団に対する財団設立者の責任は、民法第五二一条以下が準用されている。[72]実務上、財団の承認に先立ってしばしば問題になるのは、財団の財産設備の不足である。寄付行為後で財団監督官庁への承認申立て前に、財団設立者は、民法第八一条第二項第一文により寄付行為を撤回できるのである。この点に関しては、財団設立者には負うべき責任もない。(73) 財団設立者が、寄付行為と承認の中間段階で支払能力を失って、寄付行為を撤回するとき、財団設立者が申請申立てによってすでに財団に対して責任を負う程度に義務づけられたのかどうかという問題が生じる。(74) 民法第八一条第二項第二文によると、財団設立者は、この段階では、寄付行為を承認官庁に対して撤回しなくてはならない。そのことによって、財産の喪失を知らされなかった官庁がそうこうするうちに財団を承認し、そして財産なき財団を設立するということが阻止されるべきである。財団設立者がこれらの要求に応じず、かつ財団設立者が一定の財産価値の設備約束を財団に対して果たせないときには、財団は、民法第一六〇条を類推して、財団設立者に損害賠償を請求することができ、かつ財団設立者の中間処分は、民法第一六一条を類推適用して無効になる。(75)

財団の承認後その財団の行為開始に伴い、責任問題が財団に提起される。財団自身、民法第八六条、第三一条により、財団の機関によって引き起こされる損害に対して責任を負う。新たな責任が民法第八二四条、第三一条によっても発生しうる。(76) 財団のために行動している他の者の行為に対して、財団は、民法第二七八条、第八三一条にしたがって責任を負わされうるのである。財団に対して、理事会構成員は、求償請求権の枠内で責任を負う。(77) 一部、権限をもつ財団機関が主張を控える限りで、求償請求権は、財団監督官庁によって、財団の名前で主張されうるのである。(78) 定款は、理事会の責任を完全には排除しえない、または故意に限定しえない。名誉職的に活動する理事会の責任の制限のための法律(79)に基づき、二〇〇九年一〇月から民法第八六条第一項を通じて、財団にも、民法第三一a条第一項が適用されている。同条によると、無償でまたはわずかな報償(年五〇〇ユーロ以下)を得て活動する財団の理事会構成員は、理事会の義務の遂行に起因する損害について、故意または重大な過失が存在するときにのみ責任を負うのである。財団の理事会が、第三者に対して、理事会の義務の遂行中に故意または重大な過失によらずに発生した損害の賠償義務を負う場合、財団の理事会は、民法第三一ａ条第二項により、財団に義務の免除を求めることができる。財団の監督官庁の職務上の義務については、財団自体[80]またはその受益者[81]のために基本法第三四条と結びついた民法第八三九条の職務上の損害賠償請求権が介入しうるのである。

4 目的変更

財団設立者の意思に合わせることとは、たとえ目的変更が財団設立者の表明された、または推測される意思に合致していても、そしてとりわけ目的変更が事情の根本的な変化のために適切であるとしても、第三者による事後的な目的変更を排除するのである。[82]

5 財団の監督[83]

財団の監督は、財団の承認時の財団監督官庁の役割と財団存続中の継続的監督に細分化される。財団設立と財団承認の詳細はすでに考究された。財団への継続的監督は、現在一致している見解によると、純然たる合法性の監督に尽きる。州の財団法は、一定の法律行為について許可留保を規定している。[84]財団の監督は、二〇〇二年の財団法改正後も州の［管轄］案件のままである。財団に対する監督の管轄権は、省または州の中級官庁でありうる、その時に応じた州の官庁がもっている。

6　財団の終了

財団の機関に定款で解散権限を認めることは可能である。[85] もちろん、これは、解散を正当化する、事情の根本的な変化を要件としている。右の変化の存在の判断に際しては、財団設立者の意思も顧慮されなくてはならない。[86] その他の場合には、財団の存続は、当初の財団設立者の意思によって解消され、そして財団の機関の準社団的意思形成に委ねられることになろう。[87] 解散が適法に議決され、かつ財団の監督[官庁]によって承認されていれば、財団は清算される。財産は、定款で定められた人または——そのような指図がないときには——財団がその所在地を置いた州の財政の所有に帰する。高権的行為による解散（民法第八七条[88]）とならんで、最終的には、財団の財産についての倒産手続き[89]の開始の際の解散も考慮される。

（37）事前の考慮について詳細は、*Schlüter/Stolte*, Stiftungsrecht, Formen und Errichtung, Stiftungsaufsicht, Verwaltung, Besteuerung, Internationales Stiftungsrecht, 2007, Kap. 2, Rn. 1ff.; *Richter*, in: Wachter, Handbuch des Fachanwalts für Handels- und Gesellschaftsrecht, 2007, Teil2, 2. Kap., § 6, Rn. 8, 57 参照。

（38）*Burgard*, NZG 2002, 697, 699; Erman/*Werner*, § 80 Rn. 11; Werner/Saenger/*Werner*, Die Stiftung, Kap. VII, Rn. 284; a. A. Palandt/*Heinrichs*, § 80 Rn. 5; 概観は *Damrau/Wehinger*, ZEV 1998, 178ff.; *Schlüter/Stolte* Stiftungsrecht, Kap. 2, Rn. 52.

（39）*Richter*, in: Wachter, FA Handels- und Gesellschaftsrecht, Teil2, 2. Kap., § 6, Rn. 19.

（40）*Schlüter/Stolte*, Stiftungsrecht, Kap. 2, Rn. 22.

（41）*Schlüter/Stolte*, Stiftungsrecht, Kap. 2, Rn. 28.

（42）MünchKommBGB/*Reuter*, §§ 80, 81 Rn. 4.

（43）Werner/Saenger/*Werner*, Die Stiftung, Kap. VII, Rn. 279.

(44) MünchKommBGB/*Reuter*, §§ 80, 81 Rn. 6.
(45) 財団の目的は、現実の状況の事後的な変化に柔軟に対応するためには、例えばあまりに狭く理解されないようにしたほうがよい。
(46) この点については、Werner/Saenger/*Fritz*, Die Stiftung, Kap. IX, Rn. 456 ff. 参照。
(47) 例えば、ノルトラインヴェストファーレン州財団法第四条第二項第二文第一号参照。Werner/Saenger/*Fritz*, Die Stiftung, Kap. IX, Rn. 452.
(48) Werner/Saenger/Fritz, Die Stiftung, Kap. IX, Rn. 453.
(49) Staudinger/*Rawert*, Vor § 80 Rn. 17; Werner/Saenger/*Saenger*, Die Stiftung, Kap. V., Rn. 183.
(50) *Richter*, in: Wachter, FA Handels- und Gsellschaftsrecht, Teil 2, 2. Kap., § 6 Rn. 19.
(51) Palandt/*Heinrichs*, § 80, Rn. 5.
(52) Werner/Saenger/*Werner*, Die Stiftung, Kap. VII, Rn. 371.
(53) 肯定するのは、Erman/*Werner*, § 80 Rn. 22; 否定するのは、Staudinger/*Rawert*, § 80 Rn. 42 f.
(54) Seifart/von Campenhausen/*Hof*, Handbuch des Stiftungsrechts, § 6 Rn. 249 f.
(55) 管轄官庁は、省レベルかあるいは中級官庁レベルでもよい。ノルトラインヴェストファーレン州財団法第一五条第二項、バイエルン州財団法第六条、ザールラント州財団法第二条参照。
(56) *Andrick/Suerbaum*, Stiftung und Aufsicht, 2001, Das modernisierte Stiftungsrecht(Nachtrag 2003), Rn. 11, S. 3 f.
(57) 公共の福祉概念については八ページ参照（訳者注：本書一二〇～一二一ページが該当するページになるが、公共の福祉に関する論述は見当たらない）。
(58) この点について詳細は、Werner/Saenger/*Werner*, Die Stiftung, Kap. I, Rn. 11 und Kap. VII, Rn. 332 ff. 参照。
(59) *Richter*, in: Wachter, FA Handels- und Gesellschaftsrecht, Teil2, 2. Kap., § 6 Rn. 4.
(60) Werner/Saenger/*Nissel*, Die Stiftung, Kap. VI, Rn. 233.
(61) *Richter*, in: Wachter, FA Handels- und Gesellschaftsrecht, Teil2, 2. Kap., § 6 Rn. 21.
(62) *Richter*, in: Wachter, FA Handels- und Gesellschaftsrecht, Teil2, 2. Kap., § 6 Rn. 32.
(63) Werner/Saenger/*Werner*, Die Stiftung, Kap. VIII, Rn. 391.
(64) *Richter*, in: Wachter, FA Handels- und Gesellschaftsrecht, Teil2, 2. Kap., § 6 Rn. 26.

(65) Staudinger/*Rabert*, § 86 Rn. 5 によると、このことは、とりわけ財団による会社の継続の枠内で利益がある。
(66) Werner/Saenger/*Werner*, Die Stiftung, Kap. VIII, Rn. 408.
(67) *Richter*, in: Wachter, FA Handels- und Gesellschaftsrecht, Teil2, 2. Kap., § 6 Rn. 27; Werner/Saenger/*Werner*, Die Stiftung, Kap. VIII, Rn. 416.
(68) BGH LM § 85 BGB Nr. 2; Seifart/von Campenhausen/*Hof*, Handbuch des Stiftungsrechts, § 8 Rn. 134.
(69) *Richter*, in: Wachter, FA Handels- und Gesellschaftsrecht, Teil2, 2. Kap., § 6 Rn. 35.
(70) Werner/Saenger/*Fritsche*, Die Stiftung, Kap. XIV.
(71) ただし、Werner/Saenger/*Kilian*, Die Stiftung, Kap. XI 参照。
(72) MünchKommBGB/*Reuter*, § 82 Rn. 3.
(73) *Schlüter*/*Stolte*, Stiftungsrecht, Kap. 2, Rn. 59.
(74) *Schlüter*/*Stolte*, Stiftungsrecht, Kap. 2, Rn. 60.
(75) Staudinger/*Rawert*, § 82 Rn. 7ff.; Seifart/von Campenhausen/*Hof*, Handbuch des Stiftungsrechts, § 6 Rn, 41.
(76) *Schlüter*/*Stolte*, Stiftungsrecht, Kap. 2, Rn. 92.
(77) 請求権の根拠として例えば民法第二八〇条第一項が類推的に問題になる。その場合、請求権の根拠は、例えばバイエルン州財団法第一四条第二文、ヘッセン州財団法第八条第二文、ニーダーザクセン州財団法第六条第三項第二文のような州法の規定に比べて補充的なのである。*Wehmert* ZSt 2007, 67, 68 も参照。
(78) バーデンヴュルテンブルク州財団法第二〇条第四項、バイエルン州財団法第二三条、ニーダーザクセン州財団法第一六条。Seifert/von Campenhausen/*Hof*, Handbuch des Sifungsrechts, § 8 Rn. 269; *Wehnert* ZSt 2007, 67, 73.
(79) Vom 28. 9. 2009(BGBl. I S. 3161).
(80) BGHZ68, 142.
(81) このことについては、Seifart/von Campenhausen/*Hof*, Handbuch des Stiftungsrechts, § 8 Rn. 295 参照。
(82) BGHZ 99, 344, 351=NJW 1987, 2364 f.
(83) この点についての詳細は、Werner/Saenger/*Backert*, Die Stiftung, Kap. XXVI 参照。
(84) 例えば、バイエルン州財団法第二七条。
(85) 機関決定による解散についての詳細は、Werner/Saenger/*Schwintek*, Die Stiftung, Kap. XVb 参照。

(86) BVerfG NJW 1991, 713.
(87) Staudinger/*Rabert*, § 87 Rn. 21.
(88) Werner/Saenger/*Backert*, Die Stiftung, Kap. XVa
(89) 倒産が条件となる解散について詳細は、Werner/Saenger/*Fritsche*, Die Stiftung, Kap. XVc und XIX. 参照。

Ⅲ 企業型財団(90)

企業型財団の内部では——企業財団(91)、営業財団(92)、企業関連財団(93)あるいは企業代表者の財団(94)も含まれる。専門用語はそのかぎりで多様である。——まずは企業の結びつき方で区別することができる。企業自身が一人の商人として財団を運営している場合、つまり企業と財団が統一体を形成している場合、企業代表者の財団が存在する。(95)財団が、企業が経営する人的会社もしくは合資会社に関与させられている場合には、経営者参加財団と呼ばれる。(96)この財団形式は、しばしば家族財団としての形をとって、企業の継続と後の世代の維持に奉仕する。(97)ここで理解した意味での企業型財団は、もちろん、なるほど企業によって創設されたがその目的設定は企業の経営を包摂しておらず、そして企業への参加も保っていない財団と混同されてはならない。(98)

企業型財団の許容は、二〇〇二年の財団法改正前は(99)、州法の許可実務(100)でも、文献でも異なる判断が下されていた。(101)新しい財団法の発効にともなって、企業型財団——より厳密にいえば、第一目的が企業経営にあるようなものも——は、新たな承認要件が存在するときにも承認されなくてはならないという趣旨での法的安定性が全国的に統一的に今や存在する。企業経営が明白な財団の目的として定められているか、あるいは単に別の目的で作られた財団の間接的な効果であるかにかかわらず、財団は、企業の継続性を確保し、その結果職場も維持することに寄与できるのである。

1 法形式選択の目標

企業型財団は、過去数年、企業承継の問題解決のための手段として強く推奨されてきた。[102]

(a) 企業の継続性

まさに中規模の同族会社（Familienunternehmen）に適当な企業承継者がいないことがしばしばある。相続法上の手段では、企業の継続性は永続的には保障されないのである。原則的には、遺言執行者による企業の引き継ぎが考慮されるが、被相続人の意思の永続的な引き継ぎには帰着しないだろう。つまり、民法第二二一〇条によると、遺言執行は、原則として三〇年後に終了するが、遅くなったとしても相続人の死亡後までである。民法第二一九二条以下の義務も、企業の継続性の確保のためには、相続人または受遺者が放棄によってこの継続性から逃れることができるので、条件付きでしか役に立たない。十分に三〇年以上の期間を橋渡しできる先位ならびに後位相続の指示も同様に永続的な解決策ではない。[103] それゆえ、ドイツ法が目下のところ財団という形でしか提供することができない脱属人的な法改正に対する実務上の大きな必要性が存在するのである。[104]

しかしまた他方では、企業承継の「理想的な解決」としての財団の創設を推奨することに対して、正当にも警鐘をならしている文献もある。[105] 多くの財団が、短期間だけの存続後、倒産または清算によって再び市場から姿を消した——おそらくコーポレート・ガバナンスの欠如に基づく現代的な術語でいう国内の財団機関の自由な形成可能性に直面して。[106] したがって、財団の設立前に、枠組条件の詳しい調査が必要である。その調査の範囲で明らかになってはじめて、財団という法形式が場合によっては考慮されうるのであって、その具体的な形成は個別の必要を顧慮しなければならず、また顧慮することができるのである。

経営者存命中の早期の財団設立によって、何回かの相続による、また場合によっては相続紛争による分散を有効に予防することができる。[107] さらに、相続法上の請求権または個々の社員の解雇による企業の支払い能力の侵害が妨げられるのである。顧慮されなくてはならないのは、死亡を理由とする財団の設立は、民法第二三〇三条以下の遺留分権を排除しないので、この場合にそなえて、遺留分権者との相続契約または遺留分放棄契約を勧めることができるということである。[108] 相続開始時に、財団への財産の委譲からまだ一〇年経過していなかったときは、財団設立者の存命中の財団の設立も、法定相続人の遺留分減殺請求権［の行使］を呼び起こしうるのである。

敵対的引受けからの保護は、脱個人化した（entpersonalisiert）「永遠の」企業のさらなる利益であり、かつ企業代表財団（Unternehmensträgerstiftung）の設立理由でありうる。[109] もちろんこのことは、財団目的のしかるべき形成、つまり具体的な企業の業務を固定するというときに、資本参加財団（Beteiligungsträgerstiftung）という方法でほぼ同じように達成することができる。しかしまた他方で、特定の事業への財団目的の束縛は不都合でもありうる。すなわち、財団の目的の変更は、民法第八七条の狭い限界の中でのみ可能なので、数年後にことによると必要な企業の売却、合併または別の部分市場への戦略的な新たな方向づけが、財団目的を変更できないことによって挫折しかねない。その限りで、特定の企業の経営の外に目的があり、そしてその目的の下、具体的な企業に純然たる持込資本金の源泉として役立つ資本参加財団は推奨に値する。

(b) 企業経営の継続性

もちろん、企業承継の成功した形態は、一人「脱個人化した」企業の設立によってのみ達成されているわけではない。形式的な点に関しては、たしかに企業の法的な存続は確保されているが、成功する企業の継続経営は、企業経営を財団設立者の退任後も引き受ける能力をもった人物も必要としている。この場合、財団の長所は、おそらく適任の経営陣を獲得することが容易に行える財団の高い信望にある。[110] さらに、財団という法形式の選択は、家族内部承継処理もまた家族外の承継処理または［それらの］混合形態も実現することを可能にする。こうして、定款が、企業家の家族ならびに外部の構成員による機関の補充を定めることができ、その結果後に続く家族成員の世代を、有能な経営陣の指導の下での業務執行に導くことができるのである。

2 創 設

企業型財団の創設には、すべてのほかの財団と同じ、つまり寄付行為（Stiftungsgeschäft）と官庁の承認という要件が適用される。特別なことが適用されるのは、将来の資本参加財団たる財団への会社持分の場合のみである。そこで、会社法第一五条第四項に反するこの委譲も、この場合には合意が問題になるわけではないので、公証できないのである。[111]

3　財産上の独立資金

財産に関しては、企業型財団の場合、他の財団の場合も同様であるが、基礎財産、収益、財団設立の寄付金（Zustiftungen）およびその他の寄付に区分される。ほかでもない企業型財団の場合、目的の実現は通例、ある程度の収益の留保を要求するだろう（例えば、新しい資本参加者を獲得できるようにするために）[112]。そこで、収益の留保には、これらの事例では、同時に――財団法上――財団の目的にかなう収益の使用が含まれるので、任意の準備金の積み立てが単に許されているだけではなく、まさに必要なのである。[113]

(a)　目的と財産の適切な関係

企業型財団にも、財団の目的と財団財産が相互に適切な関係に立っていなくてはならないという原則が適用される。法律は、財団の資本設備（Kapitalausstattung）について、他の法人についてなされているのと同様に最低基準を定めていない。しかしながら部分的には企業型財団については、最低資本規定の導入が求められている。[114]けれども、いずれにしても財団については、財団の目的の持続的な実現が確保されているように思われるときにのみ承認可能なので、資本調達ならびに資本維持の非常に広範な原則が適用される。さらに資本要求の遵守は、常に財団監督によって制御されるのである。[115] このことは、その他の点では、財団創設時に、大多数の財団の実際の財産設備によって確認される。[116]

財団は、主として五万ユーロより少ない当初財産を示しているので、財団という法形式は、企業領域では、単に大企業のためだけではなく、中規模企業のためにも意義をもちうる。企業型財団の資本設備の適合性判断の際に顧慮されなくてはならないのは、企業の経営もしくは出資持分の所属は、通常、企業の独自の目的ではなくて、例えば家族扶養という目的のように、別の目的のための持込資本金の源泉であるということである。だから、財団の目的のための財団資本の適合性は、企業型財団の場合、大企業との財団資本の比較を通してではなく、独自の財団の目的にとって必要な具体的な判断を手掛かりにして決定することができる。[117] それゆえ、企業型財団の場合の承認不適格という限界には、特別な事例でしか到達しないだろうということが正当に指摘されている。[118]

(b) 資本調達

すべての企業にとってきわめて重要なのは、企業家にとって最善の時に投資できるようにするために、市場および企業の状況に応じて資本調達のどんな可能性が存在するかである。企業型財団への批判の枠内で繰り返し述べられるのは、この財団は、資本形成ならびに資本調達の可能性に関してきわめて限られているということである。[119] その際、一方で基本財産(Grundstockvermögen)をこえる財産形成を禁止する資産集積の禁止(Admassierungsverbot)が指摘され、そして他方で増資を実施する財団の能力の欠如が指摘されている。このことは、たしかに企業代表財団についてあてはまる。これとは対照的に、このことは資本参加財団にはあてはまらない。というのは、独自の法形式で経営される企業は、資産集積の禁止に抵触することなく、自ら準備金（Rücklagen）を積み立てる、あるいは借入金を受け入れるのは自由だからである。仮に一連の準備金で、財団の所有者による資金回収の減少になるとしても、それにもかかわらず資本形成は、財団レベルではなくて、すでに企業レベルで行われているのである。

(c)　企業の設備

企業設備という視点は、財産設備ならびに組織的に重要な財団と企業の分離という視点との関係でみられなくてはならない。重要な生産手段は、一方で企業の所有に帰する。しかしまた他方で、財団は例えば機械や事業用地の所有者になり、そしてこれらのものを企業の使用に委ねるということも可能である。

(d)　財産の再編成[120]

とりわけ企業型財団の場合、財産の再編成の許可についての問題が提起される。[121]財産維持の原則の下では、賢明な人にとっては、財団の財産の実質的な維持のみが重要であって、名目価格での維持が重要なわけではない。[122]したがって、財産維持の原則は、なるほど財産への執着を命じるが、対照的に財産の客体への執着は命じない。財産の客体の代わりに獲得された代替物が、もともとの財団財産と同じか、それどころかよりよい収益力があるときには、財産の再編成は許される。ただし、財団設立者が寄付行為の枠内で、別の文言の規定を設けていたときには別である。[123] 財団設立者がすでに定款で、定款の変更は、著しい事情の変化があるときには許されるものとすると規定したとき、いずれにせよ別の法形式の事業体への財団という事業体の変更が考慮されうる。[124]

4 責任

経済的な企業の運営のための財団という法形式の特色に関して、責任体制も重要な基準である。財団の場合、その所有者のない体制に基づき、社員の責任はない。それゆえ団体構造が欠けているので、不完全資本化を理由として社員に対する出資者の個人責任の危険も存在しない。一般的な責任規定とならんで、特別な状況に向けた、企業型財団のための責任規定が存在する。例えば、ある企業が財団から切り離されて、人的会社または資本会社に組み入れられる場合、会社変更手続法第一六六条は、財団に事後的責任を課している。

5 組織

財団の組織は、標準的には、財団設立者によって追求される目標により規定される。企業型財団が、企業承継のモデルとして選択されるとき、この法形式の選択によって、たしかに「永遠の」権利の担い手が存在するが、財団もしくは企業の成功する経営（Management）がなお保障されているわけではない。財団の目的と財団の組織の形成に際しては、財団設立者は、どの程度自分が将来の企業政策のための準則を作ろうと考えているのか、また財団設立後、どの程度の柔軟性を企業に残そうとしているのかを考えたほうがいい[125]。それゆえ、組織構造と財団の目的の形成によって――財団の目的設定にかなう――、企業の成功する将来のための重要な条件を作り出すことができるのである。

(a)　財団と企業の分離

実務では、法律上の取引になじむ法形式で企業経営を行うことが推奨に値しうる。法的判断の予見可能性だけではなく、例えば財団組織の法定されていない権限の範囲をはっきりさせる監査役の統制権限の形成のように、会社法上の協約に習熟していることも推奨に値することを証明している。たいていの事例で、財団と別の法形式の組み合わせという形での財団と企業の結びつきが、最も目的にかなうものであろう[126]。

右のことと結びついた、財団と企業の組織的な（表面上の）分離は、法形式だけに限られるものではない。企業の永続的な成果は、動機づけのはっきりした経営に依存している。これは、経営をコントロールし、懲戒措置をとり、そして場合によっては補償もするという財団の可能性を前提にしている。定款通りの形態に関して、財団が企業の営業活動に積極的な影響を与えるのか、むしろ消極的な役割をもつことになるのかが、まず第一に明らかにされなくてはならない[127]。とくに税法上の視点に基づき（内部）組織に関して、自ら独自の事務処理活動という印象を成立させる代わりに、財団が企業の事務処理に「第二機関として」の態度で臨み、そしてしかるべき監督権があるということが推奨されている[128]。

(b) 外部の機関の可能性

財団は、別の法形式で営まれている企業についての会社の権利のすべてまたは多数を保持できる。このために、資本会社とならんで人的会社も考慮される。その際、会社法の構成全体（例えば、議決権のない株式または複数議決権をもつ株式）が、事情にかなった構成（Organisationsstuktur）として選択されうるのである。しかも会社法上の解決策と並んで、財団はある企業の株式を保有しないで、この企業に単に個々の重要な資産を永続的に委ねたり、あるいは資本を消費貸借として用立てることもできるのである。財団が、別の財団とならんで、あるいは別の会社とならんで行動するということも、ごく普通に行われている。家族財団は、とくに税制上の理由から、共同で企業の株式を保有し、あるいは異なる社員資格をもつ（例えば、普通株をもつ家族財団と議決権なき公益財団）家族財団は、公益財団（いわゆる二重財団（Doppelstiftung））としばしば並存している。[129]

(c) 財団合資会社

財団合資会社は、財団に比べて企業経営ならびに企業承継のより柔軟な手段として提案されている。[130] 財団合資会社の場合、財団は合資会社の無限責任社員である一方、財団設立者の家族成員または第三者は有限責任社員である。有限責任社員は、通例同時に財団の信託の受益者なので、責任法上の特権の付与が生じる。[131] もちろん、資本会社ならびに会社基準法に基づき、今や財団合資会社も、資本会社について適用されている公開規定、商法第二六四a条に服する。[132] 財団合資会社は、ほかならぬ企業承継のためにしばしば議論されるモデルである。[133] その際考究の中心に存在するのは、合資会社の無限責任社員としての財団であるが、他方で、すべてのまたは個々の家族成員は有限責任社員という地位を占めるのである。有限合資会社の無限責任社員としての有限会社同様、財団はその全財産をもって責任を負うのである。これに反して、財団には社員構造がないため、資本化の下での社員の個人責任は考慮されない。[134]

財団合資会社の設立によって全く異なる目的が追求されうる。考えられるのは、大きな資本持分と対応する投票権をもつ無限責任財団である。このことによって、財団合資会社は、(純然たる)参加の担い手たる財団に似てくる。もちろん、有限責任社員を通じて別の源から追加資本を取得できるという長所をもっている。[135] これとは対照的に、少ない出資持分であるが複数投票権を与えられている財団は、一方で支配権を、他方で社員の地位を別々にしておくことに役立ちうる。それから、財団と同時に財団理事には、業務の指揮が義務付けられるのである。その際、財団理事には、資格のある非社員も任命されうる(いわゆる外部機関)が、家族成員は、合資会社に重大な影響を及ぼさない有限責任社員である。有限責任社員が財団を通して(有限責任社員が同時に財団機関なので)、合資会社に支配的な影響力を行使するということも考えられる。財団設立者が有能な家族成員に合資会社の指揮を委ねようと考えるが、経済的にすべての家族成員は平等にされるものとすべき時に、このような構成は推奨に値する。[136] さらに、この場合にも、ふたつの無限責任財団の二重構造が考えられうる。そこでは、一方は資本力は弱い――しかし重大な議決権は付与されていて――(家族)財団として企業を支配するが、他方の資本力は強い――しかし議決権なき――公益財団として課税上の優遇を享受している(二重財団[137])。

(d)　内部的な機関の可能性

まさに法規が充実していない事態に直面して、財団の内部機関ならびに内外の報告義務に関する規定を含む財団内部のコーポレート・ガバナンスは、財団にとってもきわめて重要である[138]。例えば、新たな機関の設立、その機関の任務、権限ならびに義務、およびそれら相互の関係、機関の構成とその報酬、受益者の権利と義務、定款の変更および事情変更への財団の調整、財団組織の変更または終了について、規定を作成することは目的にかなっている[139]。その場合、内部機関は、企業と結びつく財団の外部構造によって定められる。法的形態に左右されずに、一方財団と企業の内部的な組織上の分離は、他方での監督ならびに統制機構による結びつき同様当を得たものである[140]。企業経営ならびに事務処理および所有者財団の指揮は、人的に切り離されているべきであろう。

6　変　更

企業型財団の終了に関しては、一般的な財団法についての特徴は存在しない。右のことと並んで興味深いのは、とりわけ組織変更である[141]。財団は、会社変更手続法第一二四条により分割可能な権利者（Rechtsträger）であり、それゆえ財団により営まれる企業は——財団法上許されるかぎり——、人的会社または資本会社に、部分的な包括承継という方法で分離できる。このことによって、企業代表財団から参加代表財団になるのである。組織変更は、現存の人的もしくは資本会社による受け入れに向けた切り離しによって、そして資本会社の新設に向けた切り離しとして行うことができる。しかしながら、組織変更は、それが表明されたもしくは推定される財団設立者の意思と合致しうる場合にのみ許されるのである。このことは、寄付行為に明文で規定されているか、または企業が財団の純然たる持込資本金でなくてはならない[142]。会社変更手続法第一六三条によると、定款変更を管轄する財団機関の切り離し決定を必要とする。会社変更手続法第一六四条第一項によると、定款変更についての規定の準用で行うことができる財団官庁の許可が必要である。切り離しは、財団の監督を通じた許可によって初めて有効になる。これとは逆に、財団は、引き受ける方の権利者の役割を受け取ることはできない[143]。

併合も考慮に入れられなくてはならない[144]。二種類の財団併合が区別されなくてはならない。すなわち、財団監督官庁により命じられた併合と定款の制定自由による併合である。二種の併合は、目標を機関構造に束ね、そしてそのことによって運営費を下げなくてはならない。しかしながら、二種の併合は、異なる出発点の位置をもっている。すなわち、国家の命令の場合には、財団の目的を危うくする財政上の隘路が存在しなくてはならない一方、定款の制定自由による併合は[145]、多くの場合具体的な緊急事態[146]がなくても効率を考慮して行われる。会社変更手続法[147]も民法も、併合のための規定を提供していない。これに反して、併合に関する規定は、ほとんどすべての州財団法に見出すことができる[148]。併合の際には、すべての関係財団が廃止されて、新しい財団が設立されるのである[149]。

7　適用可能な法規定

企業代表財団は、商法第三三条により商業登記簿に記載されなくてはならない[150]。有限合資会社での法状況に応じて、商事会社の社名に、個人的に責任を負う社員としての財団の表記が付け加えられなくてはならない。[151] さらに、記載義務がある事実に、定款通りの機関ならびに代表の指定が必要となる。商法のその他の規定、つまり、商人概念、商業帳簿および商行為についての規定も、企業の担い手としての財団に適用される。[152] 商法第三二五条―第三二九条、第三三九条の公示規定は、コンツェルン企業会計公示法の法形式により課される公示義務にしたがってのみ財団に適用される。これらの大きさの基準を下回るとき、財団は公示義務を負わない。

ある財団が支配的なコンツェルン企業でありうる[153]一方、財団という法形式は、コンツェルンを左右する企業としての地位を排除する。[154] 財団設立者の意思によって先に与えられている目的の意義を前にして、財団は、支配契約の締結によって他人の指揮に服しえず、そしてコンツェルン法でいう事実上の支配関係も、財団への参加関係の不可能性を前にして考慮されない。[155] 法律上規定されている企業の共同決定は、直接的な企業代表者の場合でも参加代表者の場合でも、財団については存在しない。というのは、財団は、鉄鋼業共同決定法でも、鉄鋼業共同決定法補充法でも、一九七六年の共同決定法でも、第三者参加法第一条[156]でも共同決定義務を負う企業代表者に属さないからである。[157] 財団の定款が、取締役会に類似した委員会を規定している場合には、労働組合は、基本法第九条第三項第二文の団結の自由という基本権の直接的な第三者効のゆえに、法律上の企業共同決定の枠内でと同じ参加権を有している。[158] しかしながら、経営体組織法第一条の法形式によらない経営参加には財団も服している。[159]

8 監督

ほかならぬ企業型財団の場合、財団の監督が特に重要である。企業活動の他の形態と反対に、企業型財団の場合、国家の「介入」(Einmischung) の危険が存在する。もちろん、しばしば負担と感じられる財団の監督は、財団の実務では企業活動に否定的な影響を及ぼしてはいない。その場合にまず最初に顧慮されなくてはならないのは、財団の監督は、審査権限が主に定款にしたがって定められた財団の目的と財団の行為との合致だけに限定しなくてはならない純然たる法的監督であるということである。さらに、財団の監督は、まれに自らによって行われる。財団の監督は、財団への、例えば受益者の構成員としての影響の欠如の裏面として構想されている。仮に委託された官庁または裁判所がむしろ控え目に活動する場合でも、まさに監督法上の介入の可能性が、財団目的の追求の際に、最終的には財団設立者の意思をできるだけ転化するように促されている財団機関の規律化をもたらすようにしているのである。この観点から、財団の監督は、無条件に不利益になるものではなく、反対に全体的には積極的な機能を果たすことができるのである。

改正された州の財団法の多くは、私益的な財団のための著しい監督の容易化を規定している。[160] このことは、財団のためのより大きな自由領域を意味している。とりわけ、数多くの許可要件(例えば、財産の再編成および寄贈の受け入れについて、旧文言のノルトラインヴェストファーレン州財団法第二一条第一項)がなくなった。財団監督官庁は、目的変更時にも必要である。[161] それゆえ、財団目的の文言化には、すでに設立時に特別な意義があるのはもとよりである。一方、目的変更時の財政行政は、財団の私法上の存続にもかかわらず、しばしば従来の課税主体の終了と新たな課税主体の成立から出発して、[162] 加重的な税金の効果を持ちうる。他方、必要な許可付与は、企業には重要な決定を著しく遅らせうるのである。この理由からも、企業と財団の目的はあまりに密接に相互に結びつかないほうが好ましい。[163]

9 選択肢

財団という名称[164]ならびに財団との選択肢としての内部的な財団類似の組織に基づいて、法的な意味で考慮される法形式は、財団法人に属する。あらゆる財団法人にとって特徴的なのは、定款で定められた目的への社員または構成員ならびに法人財産の結びつきである。[165] 個別契約的構成によって団体を財団の近くに引き寄せるためには、構成員もしくは社員の権限は、定款の変更のためにきわめて広範に制限されることになろう。その上さらに、団体の目的への社員の忠誠心が確保されることとなろう。それは、持ち分の義務付けという方法で、または社員の除名についての定款の規定に基づいて達成されうるものである。最後に、団体財産が財団の目的に奉仕し、そして団体構成員の利益から大幅に取り上げられているという配慮がなされるべきと考えられる。取り決めのメカニズムは、この場合、例えば利得引受権ならびに賠償請求権または清算剰余金持ち分の排除である。[166]

(a) 財団有限会社

財団の代替形式として有限会社の設立が可能であり、かつきわめてよく行われている。現在、ドイツにはおよそ一〇〇の財団有限会社が存在する。最も有名な例は、Robert-Bosch 財団有限会社である。有限会社法は、有限会社の設立を、すべての任意の目的追求のために認めている（有限会社法第一条）ので、この目的追求は、収益経済的な目的を必ずしも追求する必要がない。定款の適切な形態によって、会社の目的と社員の意思が――財団の場合に類似して――、永続的な持続を達成することができる。そこで、財団有限会社の場合、中心になるのは財団ではなくて、個別の定款の形態が財団類似の構造を示す有限会社である。(167) 財団設立者意思のできるだけ永続的な持続を保障するために、社員は、重複投票権と拒否権を付与されており、あるいは一定の決定は同意留保することができるのである。もちろん、定款の制定自由という原則に関しては、定款の変更を第三者の同意要件に委ねるか、もしくは定款を変えられないと説明することはできない。

有限会社の会社持分は、原則として自由に譲渡できる。しかし、定款は、社員集団の同質性を永続的に保証するために、譲渡可能性を全面的に排除、または別の要件に委ねることができる。持分の譲渡権制限、つまり社員の同意または譲渡のための事務処理の要件とならんで、社員死亡の場合に相続可能な会社持分は、賠償金なしに回収することができると定款が規定するべきであろう。さらに、重要なのは、定款に、特定の理由があるときに、社員の除斥および社員の会社持分の取立てがその意思に反しても可能となる理由を定めておくことである。

財団有限会社が参加代表者として、企業有限会社の持分を保持することができる一方で、財団有限会社の側の会社持分は、企業財団の手元にある。有限会社法第三三条の要件のしかるべき遵守については、このような構成は、非人的有限会社（Kein-Mann-GmbH）の禁止に含まれない。(168) もちろん、この実務上確固たるものでない構成が推奨に値するのかどうかは、まったく異なると考えられる。[169] 財団有限会社については、承認義務および国による財団監督のないことが有利であることが明らかになりうる。強調されなくてはならないのは、財団設立者には——有限会社の社員であるかぎり——、その有限会社の目的を監督官庁の許可なしに変更することもできるということである。その他の点では、財団と比較して、構造的経費は、全体として少ない。これに対して、財団有限会社の重大な欠点は、公益目的とならんで、財団設立者およびその近親者も扶養されるべき場合に、税制上不利な地位に置かれる点ならびに同じように広範には及ばない財団設立者の意思を文書に記載する点にある。[170]

(b)　財団株式会社

財団株式会社も考慮に入れることができる——しかし実務上は普通は行われない——。しかしながら、定款厳格の原則によって特徴づけられる株式会社は、広範囲の変更は受け入れにくいので、財団類似の形態が置き換えられることはほとんどない。

(c)　財団社団法人

財団有限会社に対応して、財団社団法人（Stiftungsverein）は、定款が、財団類似の構造の設定に向けられているような団体と解されている。目下のところ、ドイツには約一五〇の財団社団法人が存在し、その中には、政党に近い政治的財団、少年研究財団社団法人およびドイツ国民研究財団社団法人がある。有限会社の場合と類似して、社団の定款の作成の際には、財団の目的の実現に役立つ大きな余地が存在する。利点は、この場合も、少ない構造的経費ならびに承認の必要性と国の監督の不存在である。財団社団法人は、法的な意味での財団の考え方に最も近い。利他主義的かつ非政治的社団は、受入れ強制に服さないので、例えば社員数の制限が可能である。[171] さらに、社団の場合、社員権は譲渡不能でかつ相続できない——民法第三八条第一項第一文。もちろん、定款の変更には（出席者の）四分の三、そして目的の変更のためには、それに加えて全社員の一致した決定が必要である（民法第三三条第一項）としても、社団の目的および社団の定款は、社員の処分から完全には取り上げられてはいない。さらに、社員の一定の選抜基準、特定の身分の消滅時の自動的な除名、あるいは社員資格の停止命令が文書にされている。[172]

（90） 企業財団については、Werner/Saenger/*Saenger*, Die Stiftung, Kap. XXI 参照。
（91） *Ebersbach*, Handbuch des Stiftungsrechts, 1972, S. 33.
（92） この点について詳しくは、*Brandmüller/Lindner*, Gewerbliche Stiftungen, 3. Aufl. 2005 参照。
（93） *Pavel*, Eignet sich die Stiftung für den Betrieb erwerbswirtschaftlicher Unternehmen? 1967, S. 22.
（94） Staudinger/*Rawert*, Vor § 80 Rn. 83; MünchKomm/*Reuter*, §§ 80, 81 Rn. 88, *Goerdeler*, FS Kunze, 1968, S. 209 ff. 参照。
（95） Erman/*Werner*, Vor § 80 Rn. 20; Soergel/*Neuhoff*, Vor § 80 Rn. 67; *Hennerkes/Binz/Sorg*, DB 1986, 2217, 2220; *Richter*, in: Wachter, FA Handels- und Gesellschaftsrecht, Teil2, 2. Kap., § 6 Rn. 6.
（96） Soergel/*Neuhoff*, Vor § 80 Rn. 68; *Fasselt*, Nachfolge in Familienunternehmen, 1992, S. 21.
（97） *Werner*, Perpetuierung einer GmbH durch Stiftungsträgerschaft, GmbHR 331, 338 ff.; Erman/*Werner*, Vor § 80 Rn. 20.
（98） Soergel/*Neuhoff*, Vor § 80 Rn. 67 は、取り違えられる危険を正当に指摘する。
（99） 二〇〇二年九月一日から発効の Gesetz zur Modernisierung des Stiftungsrechts vom 15. 07. 2002, BGBl. 2002 I, S. 2634; *Nissel*, Das neue Stiftungsrecht, 2002, S. 17 ff. の議会主導についての概観、現代財団法の発展については、*Andrick/Suerbaum*, NJW 2002, 2905; *Andrick*, ZSt 2003, 3; *Lex*, ZSt 2003, 20; *Burgard*, NZG 2002, 697 ff. 参照。
（100） MünchKommBGB/*Reuter*, §§ 80, 81 Rn. 89 での実証。

(101) 疑義は、*Ballerstedt/Salzwedel,* Verhandlungen des 44.Deutschen Juristentages, 1962, Bd. I, Teil 5, S. 33 ff.; *Mestmäcker,* Verhandlungen des 44. Deutschen Juristentages, 1962, Bd. II, Teil G, 17 ff.; *K. Schmidt,* DB 1987, 261, 262 にさかのぼる。

(102) 理由については、*Wachter,* Stiftungenn: Zivil- und Steuerrecht in der Praxis, 2001, C Rn. 1 参照。

(103) このほかの困難については、*Werner,* GmbHR 2003, 331, 335; 相続法における超長期の義務付けの問題については、*Edenfeld,* DNotZ 2004, 4 ff. も参照。

(104) Werner/Saenger/*Saenger,* Die Stiftung, Kap. XXI, Rn. 884.

(105) 明確にそのようにいうのは、Soergel/*Neuhoff* Vor § 80 Rn. 73 ならびに Seifart/von Campenhausen/*Pöllath/Richter,* Hndbuch des Stiftungsrechts, § 12 Rn. 5ff.

(106) Soergel/*Neuhoff,* Vor § 80 Rn. 73.

(107) *Saenger,* FS Kollhosser, S. 594.

(108) そこで、Alfried Krupp von Bohlen und Halbach 財団の設立にとって、財団設立者の息子の相続放棄が重要な前提条件だった。

(109) 二〇〇六年に、Mittal Steel による Arcelor の引受けの枠内でそのようなことが行われた。*Saenger,* FS Kollhosser, S. 594.

(110) Werner/Saenger/*Saenger,* Die Stiftung, Kap. XXI, Rn. 887.

(111) *Wachter,* Stiftungen: Zivil- und Steuerrecht in der Praxis, S. 12.

(112) *Delp,* Die Stiftung & Co KG, 1991, S. 36 も参照。

(113) *Berndt,* Stiftung und Unternehmen, 6. Aufl. 1998, Rn. 354f.

(114) 五万ユーロの最低資本を求めるのは、*Kirmse,* Mindestkapital für unternehmensverbundene Stiftungen, in: Mecking/Schulte, Grenzen der Instrumentalisierung von Stiftungen, S. 27ff.; すべての財団について最少資本を要求しているのは、*K. Schmidt,* Konzessionssystem und Stiftungsrecht, in: Stiftungen in Deutschland und Europe, 1998, 229, 241.

(115) この点に関しては、ほとんどすべての財団［監督］官庁が、一定の最少資本を要求している。*Kirmse,* Mindestkapital für unternehmensverbundene Stiftungen? in: Grenzen der Instrumentalisierung von Stiftungen, Bundesverband Deutscher Stiftungen, S. 39, insbes. Fn. 71 での証明。

(116) このことについては、以下のものを参照。連邦と諸州の財団法の作業グループによって調査された財団の当初の財産設備、Bericht der Bund-Länder-Arbeitsgruppe Stiftungsrecht, D., S. 13.

(117) Seifart/von Compenhausen/*Pöllath/Richter*, Handbuch des Stiftungsrechts, § 12 Rn. 164.
(118) Seifart/von Compenhausen/*Pöllath/Richter*, Handbuch des Stiftungsrechts, § 12 Rn. 163.
(119) *Goerdeler*, FS Heinsius, 1991, S. 175 f.
(120) *Saenger/Veltmann*, Reichsweite und Haftungsrisiken der Stiftungsaufsicht bei Vermögensumschichtungen von unternehmensverbundenen Stiftungen, ZSt 2005, 281-289.
(121) 詳細は、*Schwarz*, ZSt2004, 64, 68; Werner/Saenger/*Fritz*, Die Stiftung, Kap. IX, Rn. 488 ff. 参照。
(122) *Berndt*, Stiftung und Unternehmen, Rn. 354 f.
(123) *Schwarz*, ZSt2004, 101ff. によると譲渡不能条項さえ、企業の譲渡を一般的には排除しない。
(124) 同旨、二〇〇三年七月二七日の OLG Stuttgart の Carl-Zeiss 財団の財団という事業体の変更について大いに議論された裁判 Az 5 U 162/2002=ZSt 2003, 203f. ならびに *Werner*, ZSt 2003, 237ff. および *Schwarz*, ZSt 2004, 101ff. の右の裁判についての注釈。LG Ellwangen, Urteil vom 17. 5. 2002, Az. 2 O 313/01, ZSt 2003, 56ff. の前審についての *Nehoff* の注釈も参照。
(125) *Nietzer/Stadie*, NJW 2000, 3457, 3460; *Meyer zu Hörste*, Die Familienstiftung als Technik der Vermögensverewigung, S. 153, 本書は、「完全な」定款の形態と「柔軟な」定款の形態を区別している。
(126) Wener/Saenger/*Saenger*, Die Stiftung, Kap. XXI, Rn. 903.
(127) *Hof*, Stiftungen, Errichtung, Gestaltung, Geschäftstätigkeit, 2004, S. 243.
(128) Seifart/von Campenhausen/*Pöllath/Richter*, Handbuch des Stiftungsrechts, § 12 Rn. 68ff.; *Brandmüller/Lindner*, Gewerbliche Stiftungen, S. 70.
(129) 詳細ならびに概観は、Seifert/von Campenhausen/*Pöllath/Richter*, Handbuch des Stiftungsrechts, § 13 Rn. 71ff. 参照。
(130) *Hennerkes/Binz/Sorg*, DB1986, 2269, 2274; *Weimar/Geitzhaus/Delp*, BB 1986, 1999f.; *Hennerkes/Schiffer*, BB 1990, 1940ff.; *Hennerkes/Schiffer/Fuchs*, BB 1995, 209ff.; *Nietzer/Stadie*, NJW 2000, 3457; *Schiffer*, ZEV 1999, 424ff.; Werner/Saenger/*Saenger*, Die Stiftung, Kap. V., Rn. 199.
(131) Staudinger/*Rawert*, § 80 Rn. 90.
(132) 二〇〇〇年二月二四日のその適用領域に関する、貸借対照表指令および連結貸借対照表指令についてのEU理事会指令(90/605/EWG)の実施、年度決算書の開示の改善、ならびにその他の商法規定変更についての法律、BGBl. I 2000, 154(KapCoRiLiG); この点については、*Wachter*, Stiftungen, C. Rn. 17ff. 参照。

(133) Seifart/von Campenhausen/*Pöllath/Richter,* Handbuch des Stiftungsrechts, § 12 Rn. 85ff.; *Nietzer/Stadie,* NJW 2000, 3457; *Schiffer/von Schubert,* BB 2002, 265; *App,* Die Stiftung & Co.KG—eine mögliche Alternative zur GmbH & Co. KG, BuW 1992, 557; *Delp,* Die Stiftung & Co KG; 批判的なのは、*K. Schmidt,* ZHR 166(2002), 145.

(134) 有限合資会社と財団合資会社の違いの一覧表による対置は、*Brandmüller/Lindner,* Gewerbliche Stiftungen, S. 88 f. にある。

(135) *Saenger*, FS Kollhosser, S. 595.

(136) Werner/Saenger/*Saenger,* Die Stiftung, Kap. XXI, Rn. 907.

(137) Werner/Saenger/*Saenger,* Die Stiftung, Kap. V, Rn. 203.

(138) 詳細は、*Saenger/Veltmann,* ZSt 2005, 67ff. ならびに *von Holt/Koch,* in: Stiftungssatzungen, S.16ff.; Werner/Saenger/*Veltmann,* Die Stiftung, Kap. XII 参照。

(139) Werner/Saenger/*Saenger,* Die Stiftung, Kap. XXI, Rn. 911.

(140) Seifart/von Campenhausen/*Pöllath/Richter,* Handbuch des Stiftungsrechts, § 12 Rn. 66 ff.

(141) 詳細は、*Schwintek,* Vorstamdskontrolle in rechtsfähigen Stiftungen des bürgerlichen Rechts, 2001, S. 126 f.; *Andrick/Suerbaum,* Stiftung und Aufsicht, S. 159 ff. 参照。

(142) *Hof,* Stiftungen, Errichtung, Gestaltung, Geschäftstätigkeit, S. 240.

(143) BT-Drs 12/6699, S. 116; Werner/Saenger/*Saenger,* Die Stiftung, Kap. XXI, Rn. 916.

(144) 併合について詳細は、Werner/Saenger/*Fritsche*, Die Stiftung, Kap. XVI 参照。

(145) この場合、併合の要件は、すでに財団行為に規定されていた。併合についての理事会への権限付与を決定するだけでは足りない。*Saenger,* ZSt 2007, 81, 87.

(146) *Saenger,* ZSt 2007, 81.

(147) したがって、合併についても述べることができない。*Saenger,* ZSt 2007, 81.

(148) 例えば、バーデンヴュルテンベルク州財団法第一四条第三項第一文、バイエルン州財団法第一六条第一項、ブレーメン州財団法第九条第一項第二文、ニーダーザクセン州財団法第八条第一項第二文、ザールラント州財団法第八条第二項。これらの州法の規定の許可の問題については、*Saenger,* ZSt 2007, 81, 85 参照。

(149) Seifart/von Campenhausen/*Hof,* § 10 Rn. 332; *Saenger*, ZSt 2007, 81, 83.

(150) Soergel/*Neuhoff,* Vor § 80 Rn. 75.

(151) Werner/Saenger/*Saenger*, Die Stiftung, Kap. XXI, Rn. 917.

(152) MüunchKommBGB/*Reuter*, §§ 80, 81 Rn. 102; この点について詳細は、*Goerdeler* ZHR 113(1950), 145 ff.

(153) *Schwintowski*, NJW 1991, 2736 ff.; *Kohl*, NJW 1992, 1922, 1923; *Stengel*, Stiftung und Personengesellschaft: Die Beteiligung der Stiftung an einer Personengesellschaft des Handelsrechts, 1991, S. 127 f.

(154) MüunchKommBGB/*Reuter*, §§ 80, 81 Rn. 105; *Stengel*, Stiftung und Personengesellschaft: Die Beteiligung der Stiftung an einer Personengesellschaft des Handelsrechts, 1991, S. 128 f.

(155) MüunchKommBGB/*Reuter*, §§ 80, 81 Rn. 105.

(156) 二〇〇四年五月一八日の監査役会における被用者の三分の一参加に関する法律、監査役会における被用者代表者の選抜の簡素化のための第二法律第一条、BGBl. I. S. 974.

(157) Werner/Saenger/*Saenger*, Die Stiftung, Kap. XXI, Rn. 919.

(158) BGHZ84, 352 ff.

(159) 経営体組織法第四七条についてのBAG AP Nr4を援用するSoergel/*Neuhoff*, Vor § 80 Rn. 76.

(160) 例えば、ノルトラインヴェストファーレン州財団法第六条第三項。

(161) 例えば、ノルトラインヴェストファーレン州財団法第五条第二項第三文参照。

(162) この点にきわめて批判的なのは、Seifert/von Compenhausen/*Pöllath/Richter*, Handbuch des Stiftungsrechts, § 42, § 13 ならびに§ 12 Rn. 191.

(163) Seifart/von Campenhausen/*Pöllath/Richter*, Handbuch des Stiftungsrechts, § 12 Rn. 192 f.

(164) 財団という概念は、民法第八〇条以下でいう財団だけに限定されない。Werner/Saenger/*Werner*, Die Stiftung, Kap. 1. Rn. 1.

(165) *Wachter*, Stiftungen: Zivil- und Steuerrecht in der Praxis, C. Rn. 2.

(166) *Wachter*, Stiftungen: Zivil- und Steuerrecht in der Praxis, C. Rn. 4.

(167) *Milatz/Kemke/Schütz*, Stiftungen im Zivil- und Steuerrecht, 2004, S. 27.

(168) 詳細は、Seifart/von Campenhausen/*Pöllath/Richter*, Handbuch des Stiftungsrechts, § 12 Rn. 127 f. 参照。

(169) 詳細かつ一部批判的には、Seifart/von Campenhausen/*Pöllath/Richter*, Handbuch des Stiftungsrechts, § 12 Rn. 129 参照。

(170) Soergel/*Neuhoff*,Vor § 80 Rn. 39.

(171) MünchKommBGB/*Reuter*, Vor § 80 Rn. 110.
(172) Staudinger/*Rawert*, Vor § 80 Rn. 178.

Ⅳ　財団は前途有望である

国の債務は、膨大な額にのぼっている。数字の上でのバランスはとうの昔になくなっている。実際には、金額が想像をこえている。二〇一〇年初頭に、ドイツ連邦共和国の「債務の山」は、納税者同盟により一兆六千億以上―あるいは、一兆六千億ユーロと見積もられた。一秒で四、四〇〇ユーロの増加、あるいは市民一人当たり二万ユーロ以上の負債を想定するならば、困窮は明らかである。特別会計も含んで一千億ユーロになる、二〇一〇年中に予定されている新たな負債も息を止めさせる。それに比べると、財団の数、財産ならびに支出がいかにつつましいかと思われる。あまりはっきりしない統計上の届け出では、不完全な像しか描けない。ドイツ財団連合（Der Bundesverbud Deutscher Stiftungen）は、二〇〇八年中に一万六千以上の権利能力のある財団を記録している。およそ六千の情報提供の準備のある財団の財産は、四〇〇億ユーロそこそことみつもられ、そしてその年間の支出はおよそ六〇億ユーロと見積もられる。(173)

政治は選挙任期しか見ていない。人口が収縮する次世代が債務の山をいつか片づけることができるかどうかは、誰にかかわることなのだろうか？　問題は少しの間だけである。成果報告が出されなくてはならない。教育は最高の財産だという。その通り！　しかしながらこの認識は新しくない。すでにしばしば耳にしたことである。どうしてわずかしか行われないのだろうか？　今や大きな成功が収められるときである。すなわち、二〇一五年まで、国内総生産の一〇％は、教育のために支出すべきであろう。同時に、「聡明な」計算方法が考えられる。すなわち、将来、教師や大学教師の年金ならびに教育支出のための建設投資があげられる。しかも、大学、学校および保育園のための仮の収養費用、ならびに保育園の利用料金や授業料のような私的な教育投資の算入についても熟慮した。州の財務相を喜ばせるかもしれない。すなわち、このように計算すると、結果的に、教育のための超過支出さえなしにやっていくことができるかもしれない。このことはほとんど信じられないかもしれない。しかし、このことは信頼のおける情報によるものである。二〇〇九年一二月一七日のフランクフルター・アルグマイン紙の一面で、このことについて「手品師のトリック」という見出しで読むことができる。

そしてこれは、財団法にとっては何を意味するのだろうか？　もちろん、政治がうまく機能しないところでは、なお大規模に私的な責任が必要である。国がそのもともとの領域、例えば、生活への備え、教育（Ausbildung）ならびに社会経済基盤に関する領域から引き上げるならなお一層、財団は、これら重要な任務を果たすよう試みることができる。二つの事柄が考慮されなくてはならない。すなわち、常にかつまず第一に税法である。芸術保護への意欲は保護されなければならない。しかしそれ以上に、単にアングロ・アメリカ法と比較してだけではなく、ドイツの財団制度は相変わらず「見通し可能」である。前述の数字はこのことを印象深く裏付けている。それゆえ、さらに「財団制度を」鼓舞していくことが重要である。政治によく知られた知見を塗りこんでいくことは価値あることである。すなわち、財団への意欲からは、成果の報告が当然出てくるのである！　さらにそのうえ、「小さな財団」が必要である。

あらゆる支援が重要である。税務上の意欲は、唯一十分なものでないかもしれない。自分自身の名前を忘れ去られたくないという希望はきわめて人間的なものである。この場合、独立していない財団の利点が発揮されうるのである。すなわち、可変性と最大限可能な形成の余地がそれである。唯一、収益のあがらない――たとえどんな額であっても――財産の寄付金を通じての良き行いである。そして、この行いが慈善家の名前と関連づけさせるのである――［これが］価値そのものである。このことは、社会では一層強く意識にのぼるものである。財団設立者は別種の人である。財団設立者は、数世代にわたって考えて、永遠に行動するのである。そこではいったい何が選挙任期にとって代わるのだろうか？

(173) Werner/Saenger/*Mecking*, Die Stiftung, Kap. IV, Rn. 31.

Prof. Dr. Ingo Saenger

Schriftenverzeichnis

(Stand: 18. Dezember 2012)

I. Dissertation und Habilitation

Beteiligung Dritter bei Beschlußfassung und Kontrolle im Gesellschaftsrecht.
Berlin: Duncker & Humblot, 1990 (Schriften zum Wirtschaftsrecht, Band 66). – XIII, 204 S. – Zugl.: Marburg, Univ., Diss., 1990.
Einstweiliger Rechtsschutz und materiellrechtliche Selbsterfüllung.
Möglichkeiten der kurzfristigen Verwirklichung von Ansprüchen auf Vornahme vertretbarer Handlungen – zugleich ein Beitrag zum Spannungsverhältnis von Prozeßrecht und materiellem Recht.
Tübingen: Mohr Siebeck, 1998 (Jus Privatum, Band 27) – XVIII, 346 S. – Zugl.: Jena, Univ., Habil.-Schr., 1996.

II. Weitere selbständige Schriften

1. **Vertragliche Schadensersatzpflicht des Produzenten für Schäden durch Sachmängel im innerindustriellen Bereich.** Vergleich der Ansprüche wegen Fehlens einer zugesicherten Eigenschaft nach §§ 463 S. 1, 480 II BGB mit der warranty-Haftung des englischen Rechts.
   München: Winterthur Versicherungen, 1990 (Schriftenreihe der Winterthur Versicherungen, Band 29) – V, 33 S. Mit Friedhelm G. Nickel.
2. **Der Ausgleichsanspruch des Handelsvertreters bei Eigenkündigung.**
   Stuttgart u. a.: Boorberg, 1997 (Jenaer Schriften zum Recht, Band 13) – 48 S.
3. **Handwerk, Service, Kundendienst.**
   München: Deutscher Taschenbuch Verlag, 1. Aufl. 2000 – 230 S.
4. **Fälle mit Lösungen für Fortgeschrittene im Bürgerlichen Recht.**
   Neuwied u. a.: Luchterhand, 2001 – XII, 151 S. Mit Olaf Werner.
5. **Handwerk, Service, Kundendienst.**
   München: Deutscher Taschenbuch Verlag, 2. Aufl. 2002 – 239 S.
6. **Fälle mit Lösungen für Fortgeschrittene im Bürgerlichen Recht.**
   Neuwied u. a.: Luchterhand, 2. Aufl. 2004 – XV, 193 S. Mit Olaf Werner.
7. **Fälle mit Lösungen für Anfänger im Bürgerlichen Recht. Band II (Vertiefung).**
   Köln u. a.: Carl Heymanns, 3. Aufl. 2008 – XVII, 215 S. Mit Olaf Werner.
8. **Gesellschaftsrecht.**
   München: Vahlen, 1. Aufl. 2010 (Academia Iuris. Lehrbücher der Rechtswissenschaft) – XXXIII, 673 S.
9. **Fälle für Fortgeschrittene im Bürgerlichen Recht.**
   München: Vahlen, 4. Aufl. 2012 – XIX, 247 S. Mit Olaf Werner.

III. Kommentierungen und Bearbeitungen in Sammelwerken

1. **Erman.** Bürgerliches Gesetzbuch. Handkommentar. Herausgegeben von Harm Peter Westermann. Münster/Köln: Aschendorff Rechtsverlag, 10. Aufl. 2000:
   — HausTWG,
   — VerbrKrG (§§ 2, 7–8, 11–14),
   — FernAG,
   — SachenRBerG (§§ 32–84, 111–112, 115, 120, 122).
2. **Deutsches Rechts-Lexikon.** Herausgegeben von Horst Tilch und Frank Arloth. München: C. H. Beck, 3. Aufl. 2001:
   — Handelsrecht, einschließlich Handelsbücher und Jahresabschluß,
   — Wertpapierrecht,
   — Spar- und Bauförderung,
   — Währungs- und Finanzfragen.
3. **Das Schuldrecht 2002.** Herausgegeben von Harm Peter Westermann. Stuttgart u. a.: Boorberg, 2002:
   — Verbraucherdarlehensrecht, S. 279–318.
4. **Hk-BGB.** Bürgerliches Gesetzbuch. Handkommentar. Bearbeitet von Heinrich Dörner u. a., Schriftleitung Reiner Schulze. Baden-Baden: Nomos, 2. Aufl. 2002:
   — Kauf, Tausch (§§ 433–480),
   — Schenkung (§§ 516–534),
   — Gesellschaft, Gemeinschaft (§§ 705–758).
5. **Europäisches Gesellschafts- und Unternehmensrecht.** Herausgegeben von Ingo Saenger. Baden-Baden: Nomos, 2002:
   — Grundzüge des europäischen Gesellschafts- und Unternehmensrechts,
   — Bearbeitung der europarechtlichen Teile.
6. **Bamberger/Roth.** Kommentar zum Bürgerlichen Gesetzbuch. Herausgegeben von Heinz Georg Bamberger und Herbert Roth. Band 3. München: C. H. Beck, 1. Aufl. 2003:
   — UN-Kaufrecht (CISG).
7. **Hk-BGB.** Bürgerliches Gesetzbuch. Handkommentar. Bearbeitet von Reiner Schulze u. a. Baden-Baden: Nomos, 3. Aufl. 2003:
   — Kauf, Tausch (§§ 433–480),
   — Schenkung (§§ 516–534),
   — Gesellschaft, Gemeinschaft (§§ 705–758).
8. **Erman.** Bürgerliches Gesetzbuch. Handkommentar. Herausgegeben von Harm Peter Westermann. Münster/Köln: Aschendorff Rechtsverlag, 11. Aufl. 2004:
   — Verbraucher, Unternehmer (§§ 13, 14),
   — Unbestellte Leistungen (§ 241a),

— Besondere Vertriebsformen (Haustür- und Fernabsatzverträge, §§ 312–312f),
— Widerrufs- und Rückgaberecht bei Verbraucherverträgen (§§ 355–359),
— Teilzeit-Wohnrechteverträge (§§ 481–487),
— Darlehensvertrag (§§ 488–490),
— Verbraucherdarlehens-, Ratenlieferungsverträge, Finanzierungshilfen (§§ 491–507),
— Sachdarlehensvertrag (§§ 607–609),
— Darlehensvermittlungsvertrag (§§ 655a–655e).

9. **Hk-BGB.** Bürgerliches Gesetzbuch. Handkommentar. Bearbeitet von Reiner Schulze u. a. Baden-Baden: Nomos, 4. Aufl. 2005:
— Kauf, Tausch (§§ 433–480),
— Schenkung (§§ 516–534),
— Gesellschaft, Gemeinschaft (§§ 705–758).

10. **Hk-ZPO.** Zivilprozessordnung. Handkommentar. Herausgegeben von Ingo Saenger. Baden-Baden: Nomos, 1. Aufl. 2005:
— Einführung,
— Folgen der Versäumung, Wiedereinsetzung in den vorigen Stand (§§ 230–238),
— Verfahren vor den Landgerichten. Titel 1 – 2: Verfahren bis zum Urteil und Urteil (§§ 253–329, ohne § 328),
— Kosten der Zwangsvollstreckung (§ 788),
— Schiedsrichterliches Verfahren (§§ 1025–1066),
— Justizielle Zusammenarbeit in der Europäischen Union (§§ 1067–1086, ohne §§ 1076–1078),
— EGZPO.

11. **Hk-BGB.** Bürgerliches Gesetzbuch. Handkommentar. Bearbeitet von Reiner Schulze u. a. Baden-Baden: Nomos, 5. Aufl. 2007:
— Kauf, Tausch (§§ 433–480),
— Schenkung (§§ 516–534),
— Gesellschaft, Gemeinschaft (§§ 705–758).

12. **Hk-ZPO.** Zivilprozessordnung. Handkommentar. Herausgegeben von Ingo Saenger. Baden-Baden: Nomos, 2. Aufl. 2007:
— Einführung,
— Folgen der Versäumung, Wiedereinsetzung in den vorigen Stand (§§ 230–238),
— Verfahren vor den Landgerichten. Titel 1-2: Verfahren bis zum Urteil und Urteil (§§ 253–329, ohne § 328),
— Kosten der Zwangsvollstreckung (§ 788),
— Schiedsrichterliches Verfahren (§§ 1025–1066),
— Justizielle Zusammenarbeit in der Europäischen Union (§§ 1067–1086, ohne §§ 1076–1078),

— EGZPO.

13. **Bamberger/Roth.** Kommentar zum Bürgerlichen Gesetzbuch. Herausgegeben von Heinz Georg Bamberger und Herbert Roth. Band 1. München: C. H. Beck, 2. Aufl. 2007:
    — UN-Kaufrecht (CISG).
14. **Internationales Vertragsrecht. EGBGB – CISG – FactÜ – CMR.** Bearbeitet von Franco Ferrari, Eva-Maria Kieninger, Peter Mankowski, Karsten Otte, Ingo Saenger und Ansgar Staudinger. München: C. H. Beck 2007:
    UN-Kaufrecht (CISG):
    — Vorbemerkung,
    — Anwendungsbereich und Allgemeine Bestimmungen (Art. 1–13),
    — Pflichten des Verkäufers zur Lieferung der Ware und Übergabe der Dokumente (Art. 30–34),
    — Rechtsbehelfe des Käufers wegen Vertragsverletzung durch den Verkäufer (Art. 45–52),
    — Vorweggenommene Vertragsverletzung, Verträge über aufeinander folgende Lieferungen und Schadensersatz (Art. 71–77),
    — Befreiungen (Art. 79–80).
15. **Handels- und Gesellschaftsrecht.** Praxishandbuch. Herausgegeben von Ingo Saenger, Lutz Aderhold, Karlheinz Lenkaitis und Gerhard Speckmann. Baden-Baden: Nomos 2008:
    — Recht des Handelsstandes (Kapitel 1 A),
    — Handelsregister (Kapitel 1 B),
    — Handelsrechtliche Vollmachten (Kapitel 1 D),
    — Internationales Gesellschaftsrecht: Internationales Privatrecht (Kapitel 8 A).
16. **Die Stiftung, Recht, Steuern, Wirtschaft.** Stiftungsrecht. Herausgegeben von Olaf Werner und Ingo Saenger. Berlin: Berliner Wissenschaftsverlag 2008.
    — Wahl der Rechtsform Stiftung (Kapitel V),
    — Sonderformen der selbstständigen Stiftung des Privatrechts (Kapitel XXI).
17. **Erman.** Bürgerliches Gesetzbuch. Handkommentar. Herausgegeben von Harm Peter Westermann. Köln: Verlag Dr. Otto Schmidt, 12. Aufl. 2008:
    — Natürliche Personen (§§ 1–12),
    — Verbraucher, Unternehmer (§§ 13, 14),
    — Unbestellte Leistungen (§ 241a),
    — Besondere Vertriebsformen (Haustür- und Fernabsatzverträge, §§ 312–312f),
    — Widerrufs- und Rückgaberecht bei Verbraucherverträgen (§§ 355–359),
    — Teilzeit-Wohnrechteverträge (§§ 481–487),
    — Darlehensvertrag (§§ 488–490),
    — Verbraucherdarlehens-, Ratenlieferungsverträge, Finanzierungshilfen

(§§ 491–507),
— Sachdarlehensvertrag (§§ 607–609),
— Darlehensvermittlungsvertrag (§§ 655a–655e).

18. **Hk-BGB.** Bürgerliches Gesetzbuch. Handkommentar. Bearbeitet von Reiner Schulze u. a. Baden-Baden: Nomos, 6. Aufl. 2009:
— Kauf, Tausch (§§ 433–480),
— Schenkung (§§ 516–534),
— Gesellschaft, Gemeinschaft (§§ 705–758),
— Leibrente (§§ 759–761),
— Unvollkommene Verbindlichkeiten (§§ 762–763).

19. **Hk-ZPO.** Zivilprozessordnung. Handkommentar. Herausgegeben von Ingo Saenger. Baden-Baden: Nomos, 3. Aufl. 2009:
— Einführung,
— Folgen der Versäumung, Wiedereinsetzung in den vorigen Stand (§§ 230–238),
— Verfahren vor den Landgerichten. Titel 1–2: Verfahren bis zum Urteil und Urteil (§§ 253–329, ohne § 328),
— Kosten der Zwangsvollstreckung (§ 788),
— Schiedsrichterliches Verfahren (§§ 1025–1066),
— Justizielle Zusammenarbeit in der EU (§§ 1067–1086, ohne §§ 1076–1078),
— EGZPO.

20. **Hk-GmbHG.** Gesetz betreffend die Gesellschaften mit beschränkter Haftung. Handkommentar. Herausgegeben von Ingo Saenger und Michael Inhester. Baden-Baden: Nomos, 1. Aufl. 2011:
— Einführung,
— Einlagepflicht (§ 14),
— Rechtsverhältnisse der Gesellschaft und der Gesellschafter (§§ 18–28),
— Anmeldepflichtige (§ 78), Zwangsgelder (§ 79),
— falsche Angaben (§ 82), Verletzung der Geheimhaltungspflicht (§ 85).

21. **Hk-ZPO.** Zivilprozessordnung – FamFG – Europäisches Verfahrensrecht. Handkommentar. Herausgegeben von Ingo Saenger. Baden-Baden: Nomos, 4. Aufl. 2011:
— Einführung,
— Folgen der Versäumung, Wiedereinsetzung in den vorigen Stand (§§ 230–238),
— Verfahren vor den Landgerichten. Titel 1–2: Verfahren bis zum Urteil und Urteil (§§ 253–329, ohne § 328),
— Kosten der Zwangsvollstreckung (§ 788),
— Schiedsrichterliches Verfahren (§§ 1025–1066),
— Justizielle Zusammenarbeit in der Europäischen Union (§§ 1067–1086, ohne §§ 1076–1078),

— EGZPO.

22. **Handels- und Gesellschaftsrecht.** Praxishandbuch. Herausgegeben von Ingo Saenger, Lutz Aderhold, Karlheinz Lenkaitis und Gerhard Speckmann. Baden-Baden: Nomos, 2. Aufl. 2011:
— Recht des Handelsstandes (Kapitel 1 A),
— Handelsregister (Kapitel 1 B),
— Handelsrechtliche Vollmachten (Kapitel 1 D),
— Internationales Gesellschaftsrecht: Internationales Privatrecht (Kapitel 8 A).

23. **Erman.** Bürgerliches Gesetzbuch. Handkommentar. Herausgegeben von Harm Peter Westermann und Barbara Grunewald. Köln: Verlag Dr. Otto Schmidt, 13. Aufl. 2011:
— Natürliche Personen, Verbraucher, Unternehmer (§§ 1-14),
— Unbestellte Leistungen (§ 241a),
— Besondere Vertriebsformen (Haustür- und Fernabsatzverträge, §§ 312-312i),
— Widerrufs- und Rückgaberecht bei Verbraucherverträgen (§§ 355-360),
— Teilzeit-Wohnrechteverträge (§§ 481-487),
— Darlehensvertrag; Finanzierungshilfen und Ratenlieferungsverträge zwischen einem Unternehmer und einem Verbraucher (§§ 488-512),
— Sachdarlehensvertrag (§§ 607-609),
— Darlehensvermittlungsvertrag (§§ 655a-655e).

24. **Hk-BGB.** Bürgerliches Gesetzbuch. Handkommentar. Bearbeitet von Reiner Schulze u. a. Baden-Baden: Nomos, 7. Aufl. 2011:
— Kauf, Tausch (§§ 433-480),
— Schenkung (§§ 516-534),
— Gesellschaft, Gemeinschaft (§§ 705-758),
— Leibrente (§§ 759-761),
— Unvollkommene Verbindlichkeiten (§§ 762-763).

25. **Internationales Vertragsrecht. EGBGB - CISG - FactÜ - CMR.** Bearbeitet von Franco Ferrari, Eva-Maria Kieninger, Peter Mankowski, Karsten Otte, Ingo Saenger, Götz Joachim Schulze und Ansgar Staudinger. München: C. H. Beck, 2. Aufl. 2012:
UN-Kaufrecht (CISG):
— Vorbemerkung,
— Anwendungsbereich und Allgemeine Bestimmungen (Art. 1-13),
— Pflichten des Verkäufers zur Lieferung der Ware und Übergabe der Dokumente (Art. 30-34),
— Rechtsbehelfe des Käufers wegen Vertragsverletzung durch den Verkäufer (Art. 45-52),
— Vorweggenommene Vertragsverletzung, Verträge über aufeinander folgende

Lieferungen und Schadensersatz (Art. 71–77),
— Befreiungen (Art. 79–80).

26. **Bamberger/Roth.** Kommentar zum Bürgerlichen Gesetzbuch. Herausgegeben von Heinz Georg Bamberger und Herbert Roth. Band 1. München: C. H. Beck, 3. Aufl. 2012:
— UN-Kaufrecht (CISG).

27. **Hk-ZPO.** Zivilprozessordnung – FamFG – Europäisches Verfahrensrecht. Handkommentar. Herausgegeben von Ingo Saenger. Baden-Baden: Nomos, 5. Aufl. 2013:
— Einführung,
— Folgen der Versäumung, Wiedereinsetzung in den vorigen Stand (§§ 230–238),
— Verfahren vor den Landgerichten. Titel 1–2: Verfahren bis zum Urteil und Urteil (§§ 253–329, ohne § 328),
— Kosten der Zwangsvollstreckung (§ 788),
— Schiedsrichterliches Verfahren (§§ 1025–1066),
— Justizielle Zusammenarbeit in der Europäischen Union (§§ 1067–1086, ohne §§ 1076–1078),
— EGZPO.

IV. Aufsätze

1. **Die Arzthaftpflicht im Prozeß.**
In: **VersR** 1991, S. 743–747.
2. **Die warranty-Haftung des englischen Rechts.**
In: **JZ** 1991, S. 1050–1057. Mit Friedhelm G. Nickel.
3. **Die Wiedereinsetzung in den vorigen Stand im Strafverfahren.**
In: **JuS** 1991, S. 842–845.
4. **Hinzuziehung von Stellvertreter oder Beistand bei Beschlußfassung und Kontrolle im Gesellschaftsrecht.**
In: **NJW** 1992, S. 348–352.
5. **Verwaltungsgerichtliche Entscheidungen, Rechtsmittel und Rechtsbehelfe.**
In: **JuS** 1992, S. 779–783.
6. **Die Klausel als Voraussetzung der Zwangsvollstreckung.**
In: **JuS** 1992, S. 861–864.
7. **Die im Handelsregister gelöschte GmbH im Prozeß.**
In: **GmbHR** 1994, S. 300–306.
8. **Klagenhäufung und alternative Klagebegründung.**
In: **MDR** 1994, S. 860–863.
9. **Zum Auskunftsanspruch des Aktionärs über Minderheitsbeteiligungen.**

In: **DB** 1997, S. 145–151.

10. **Minderheitenschutz und innergesellschaftliche Klagen bei der GmbH.**
    In: **GmbHR** 1997, S. 112–121.
11. **Zur Schadensersatzpflicht bei vorzeitigen Vollstreckungsmaßnahmen des materiell be¬rechtigten Gläubigers.**
    In: **JZ** 1997, S. 222–229.
12. **Zum Beginn der Verjährungsfrist bei kaufrechtlichen Gewährleistungsansprüchen.**
    In: **NJW** 1997, S. 1945–1950.
13. **Staatshaftung wegen Verletzung europäischen Gemeinschaftsrechts.**
    In: **JuS** 1997, S. 865–872.
14. **Die Partnerschaftsgesellschaft: Neue Rechtsform für die gemeinsame Ausübung freier Berufe.**
    In: **Forschungsmagazin** der Friedrich-Schiller-Universität Jena, Heft 6 (1997), S. 39.
15. **Verjährung der Gewährleistungsansprüche beim Computerkauf.**
    In: **NJW-CoR** 1997, S. 354–357.
16. **Internationale Gerichtsstandsvereinbarungen nach EuGVÜ und LugÜ.**
    In: **ZZP** 110 (1997), S. 477–498.
17. **Mehrstimmrechte bei Aktiengesellschaften.**
    In: **ZIP** 1997, S. 1813–1820.
18. **Ende der Unsicherheiten bei den Globalsicherheiten?**
    In: **ZBB** 1998, S. 174–184.
19. **Das neue Schiedsverfahrensrecht.**
    In: Wirtschaftsprüferkammer-Mitteilungen **WPK-Mitt.** 1998, S. 209–213.
20. **Die Reform des deutschen Handels- und Transportrechts.**
    In: **Brücken für die Rechtsvergleichung. Festschrift für Hans G. Leser.** Herausgegeben von Olaf Werner, Peter Häberle, Zentaro Kitagawa, Ingo Saenger. Tübingen: Mohr Siebeck. 1998. S. 199–218.
21. **Die Vollstreckung aus Schiedsvergleich und Schiedsspruch mit vereinbartem Wortlaut.**
    In: **MDR** 1999, S. 662–664.
22. **Reform des Handelsrechts.**
    In: **Akademie** 1999, S. 62–65.
23. **Sachliche Zuständigkeit für den Antrag auf Prozeßkostenhilfe.**
    In: **MDR** 1999, S. 850–853.
24. **Die Kreditbürgschaft des GmbH-Gesellschafters – eine unentrinnbare „Haftungsfalle“?**
    In: **GmbHR** 1999, S. 837–841.

25. **Macht und Ohnmacht der Gerichte bei der eiligen Durchsetzung von Herausgabeansprüchen.**
In: **JZ** 1999, S. 970-981.
26. **Harmonisierung des internationalen Luftprivatrechts: Vom IATA-Intercarrier Agreement zur Neufassung des Warschauer Abkommens in der Montrealer Konvention vom Mai 1999.**
In: **NJW** 2000, S. 169-175.
27. **Reform des Stiftungsrechts: Auswirkungen auf unternehmensverbundene und privatnützige Stiftungen.**
In: **ZRP** 2000, S. 13-19. Mit Ingo Arndt.
28. **Das Recht des Handelsvertreters zur ausgleichswahrenden Eigenkündigung.**
In: **DB** 2000, S. 129-134.
29. **Einführung.**
In: **Der Ausgleichsanspruch des Handelsvertreters.** Beispiel für die Fortentwicklung angeglichenen europäischen Rechts. Herausgegeben von Ingo Saenger und Reiner Schulze. Baden-Baden: Nomos, 2000 (Europäisches Privatrecht. Sektion B: Gemeinsame Rechtsprinzipien, Band 11), S. 9-13. Mit Reiner Schulze.
30. **Wirksamkeit internationaler Gerichtsstandsvereinbarungen.**
In: **Festschrift für Otto Sandrock.** Herausgegeben von Klaus Peter Berger, Werner F. Ebke, Siegfried Elsing, Bernhard Großfeld, Gunther Kühne. Heidelberg: Recht und Wirtschaft, 2000, S. 807-821.
31. **Gerichtlicher Rechtsschutz für Leasinggeber.**
In: Finanzierung Leasing Factoring **FLF** 2000, S. 189-196.
32. **Die Reform des deutschen Zivilprozeßrechts - Fluch oder Segen?**
In: **Rechtstheorie** 31 (2000), S. 413-431.
33. **Grundstückserwerb nach Aufgebotsverfahren gem. § 927 BGB.**
In: **MDR** 2001, S. 134-136.
34. **Privatautonomie und Stifterfreiheit.**
In: **Ein modernes Stiftungsprivatrecht** zur Förderung und zum Schutz des Stiftungsgedankens. Herausgegeben vom Bundesverband Deutscher Stiftungen. Berlin: Bundesverband Deutscher Stiftungen, 2001 (Forum Deutscher Stiftungen, Band 8), S. 17-49.
35. **Gesellschaftsrechtliche Gestaltung ärztlicher Kooperationsformen.**
In: **NZS** 2001, S. 234-240.
36. **Das deutsche Schiedsverfahrensrecht.**
In: **Vilniaus Universitetas** mokslo darbai **Teisė** (Vilnius University Law Research papers) 2001, 38 tomas, S. 84-92.

37. **Der Beweiswert des Einwurf-Einschreibens im Prozeß.**
In: **JuS** 2001, S. 899-904. Mit Anna Gregoritza.
38. **Einführung zum Gesetz zur Namensaktie und zur Erleichterung der Stimmrechtsausübung (Namensaktiengesetz – NaStraG).**
In: **Das Deutsche Bundesrecht** (875. Lieferg., August 2001), II D 20 f, S. 3-8. Mit Alexander Kessler.
39. **Aktienrechtliche Anfechtungsklagen: Verfahrenseffizienz und Kosten.**
In: **AG** 2002, S. 536 – 543.
40. **Zur Übung – Bürgerliches Recht: „Das Auto aus der Bäckerei".**
In: **JuS** 2002, S. 970 – 973.
41. **Klausur Zivilrecht – „Die voreilige Schranke".**
In: **JA** 2003, S. 390 – 398.
42. **Die Umsetzung der Richtlinie über Verbraucherkäufe in Deutschland.**
In: **Verbraucherkauf in Europa.** Altes Gewährleistungsrecht und die Umsetzung der Richtlinie 1999/44/EG. Herausgegeben von Martin Schermaier. München: Sellier. European Law Publishers, 2003, S. 191 – 208.
43. **Der praktische Fall – Handels- und Gesellschaftsrecht: Rechtsfähigkeit und Haftungsbeschränkung bei der Gesellschaft bürgerlichen Rechts.**
In: **JuS** 2003, S. 577-580.
44. **Kaufpreis nach CISG.**
In: **AW-Prax** 2003, S. 274-275.
45. **Tendenzen im europäischen Übernahmerecht: Die Vereinbarkeit des deutschen WpÜG mit dem Richtlinienvorschlag vom 2. 10. 2002.**
In: **Rechtsvergleichung als zukunftsträchtige Aufgabe.** Herausgegeben. von Otto Sandrock, Bernhard Großfeld u. a. Münster: Lit-Verlag, 2004 (Münsteraner Studien zur Rechtsvergleichung, Band 100), S. 103-126, mit Anhang S. 127-167.
46. **Kreditgewährung an Gesellschafter aus gebundenem Vermögen als verbotene Auszahlung auch bei vollwertigem Rückzahlungsanspruch.**
In: **NZG** 2004, S. 271-273. Mit Raphael Koch.
47. **Das modernisierte Stiftungsrecht und seine Auswirkungen auf unternehmensverbundene Stiftungen und Familienstiftungen.**
In: **Recht und Risiko. Festschrift für Helmut Kollhosser.** Bd. II, Zivilrecht. Herausgegeben von Reinhard Bork, Thomas Hoeren, Petra Pohlmann. Karlsruhe: Versicherungswirtschaft, 2004, S. 591-604.
48. **Die Stiftung als Geldsammlerin für Pflichtteilsberechtigte, verarmte Schenker und Sozialkassen?**
In: **ZSt** 2004, S. 183-190.
49. **Der allgegenwärtige Verbraucher im Bürgerlichen Recht, Zivilprozeß-**

recht, Handels-, Gesellschafts- und Wirtschaftsrecht.
In: **Juristenausbildung als Leidenschaft. Festgabe für Olaf Werner** zum 65. Geburtstag. Herausgegeben von Jörg Hanna, Elke Roos und Ingo Saenger. Jena: Selbstverlag Michael Hinz, 2004, S. 51–69. – **Korea Law Review**, Vol. 46 (2006), S. 241–275.

50. **Corporate Governance in Stiftungen.**
In: **ZSt** 2005, S. 67–74. Mit Till Veltmann.

51. **Parkplatznot kennt (k)ein Gebot.**
In: **Ad Legendum** 2005, S. 94–100.

52. **Die Aufrechnung im Anwendungsbereich des CISG.**
In: **IHR** 2005, S. 189–195. Mit Elisabeth Sauthoff.

53. **Die Gestaltung der Anwaltshomepage.**
In: **WRP** 2005, S. 1468–1476. Mit Arno Riße.

54. **§ 476 BGB – Gesetzliche Haltbarkeitsgarantie?**
In: **ZGS** 2005, S. 450–452. Mit Till Veltmann.

55. **Die anwaltliche Homepage – Berufs- und wettbewerbsrechtliche Grenzen bei der Wahl eines Domainnamens.**
In: **MDR** 2005, S. 1381–1386. Mit Arno Riße.

56. **Reichweite und Haftungsrisiken der Stiftungsaufsicht bei Vermögensumschichtungen von unternehmensverbundenen Stiftungen.**
In: **ZSt** 2005, S. 281–289. Mit Till Veltmann.

57. **Das „neue" Kaufrecht in der Rechtsprechung 2002–2005.**
In: **ZGS** 2006, S. 61–65. Mit Ulrich Klockenbrink.

58. **Reichweite und Haftung der Aufsicht über kirchliche Stiftungen** – am Beispiel des neu gefassten StiftG NRW.
In: **ZSt** 2006, S. 16–20. Mit Till Veltmann.

59. **Die investierende Mitgliedschaft** – eine interessante Beteiligungsmöglichkeit für Genossenschaften und Investoren?
In. **BB** 2006, S. 566 – 569. Mit Matthias Merkelbach.

60. **Gesellschaftsrechtliche Binnenstruktur der ambulanten Heilkundegesellschaft.**
In: **Medizinrecht** 2006, S. 138–146.

61. **Abgestimmtes Verhalten i. S. d. § 30 Abs. 2 WpÜG bei der Aufsichtsratswahl** – zugleich Anmerkung zum Urteil des OLG München vom 27. April 2005 – 7 U 2792/04.
In: **ZIP** 2006, S. 837–842. Mit Nicholas Kessler.

62. **Neue Grenzen für ein forum shopping des Insolvenzschuldners?**
In: **DZWiR** 2006, S. 183–185. Mit Ulrich Klockenbrink.

63. **Partner, Pächter und Prokuristen.**

In: **Ad Legendum** 2006, S. 143–150.

64. **Anerkennungsfragen im internationalen Insolvenzrecht gelöst?** Zugleich Anmerkung zum Urteil des EuGH vom 2. 5. 2006 – Rs. C-341/04 (Eurofood/ Parmalat).
In: **EuZW** 2006, S. 363–367. Mit Ulrich Klockenbrink.
65. **Aktuelle Entwicklungen des Europäischen Gesellschafts- und Unternehmensrechts.**
In: Harmonization of Law in the Baltic Sea Region in the Turn of the 20th and 21st Centuries. Universität Riga. 2006. S. 36–48.
66. **Aktuelle Probleme der Kommanditistenhaftung.**
In: **JA** 2006, S. 771–775. Mit Matthias Wackerbeck.
67. **Sozietätserstreckung beim Interessenwiderstreit.**
In: **MDR** 2006, S. 1385–1390. Mit Arno Riße.
68. **Europäisches Vertragsrecht - Vorstufe zum Europäischen Zivilrecht?**
In: **Comparative Laws Review** (The Institute of Comparative Law in Japan [ed.]), Vol. XL (2006) No. 3, S. 1–48.
69. **Internationale Zuständigkeit für Insolvenzanfechtungsklagen und Geltendmachung von Erstattungsansprüchen wegen Verstoßes gegen Kapitalerhaltungsvorschriften.** Zugleich Anmerkung zu den Beschlüssen des OLG München vom 27. 7. 2006 und 6. 6. 2006 – U 2287/06.
In: **IHR** 2007, S. 60–64. Mit Ulrich Klockenbrink.
70. **Zusammenlegung von Stiftungen.**
In: **ZSt** 2007, S. 81–87.
71. **Tätigkeitsverbot für Rechtsanwälte bei nichtanwaltlicher Vorbefassung eines Sozietätsmitgliedes** – Verfassungskonforme Auslegung der Sozietätserstreckung gem. §§ 45 Abs. 3, 46 Abs. 3 BRAO.
In: **BRAK**-Mitteilungen 2007, S. 97–100. Mit Arno Riße.
72. **Patronatserklärungen – Bindung und Lösungsmöglichkeiten.**
In: **Festschrift für Ulrich Eisenhardt zum 70. Geburtstag.** Herausgegeben von Ulrich Wackerbarth, Thomas Vormbaum, Hans-Peter Marutschke. München: Beck. 2007. S. 489–503.
73. **Getrübte Cabriolet-Freuden.**
In: **Ad Legendum** 2007, S. 242–248. Mit Jennifer Oxe.
74. **Insolventer Bauunternehmer.**
In: **JA** 2007, S. 850–856. Mit Daniel Meyer.
75. **Der (fort)gebildete Anwalt – Qualitätserfordernisse anwaltlicher Tätigkeit und rechtliche Rahmenbedingungen.**
In: **BRAK**-Mitteilungen 2007, S. 249–255.
76. **Rechtswirkungen weicher Patronatserklärungen.**

In: WM 2007, S. 2309–2313. Mit Matthias Merkelbach.

77. **Gegenwart und Zukunft des Cash Pooling.**
In: **Festschrift für Harm Peter Westermann.** Herausgegeben von Lutz Aderhold, Barbara Grunewald, Dietgard Klingberg und Walter G. Paefgen. Otto Schmidt Verlag: Köln. 2008, S. 1381–1399.

78. **Auslandsbeurkundung bei der GmbH – Konsequenzen aus MoMiG und Reform des Schweizer Obligationenrechts.**
In: **BB** 2008, S. 65–69. Mit Alexander Scheuch.

79. **Wegzug von Personengesellschaften.**
In: Transaktionen – Vermögen – Pro Bono. **Festschrift zum zehnjährigen Bestehen von P+P Pöllath+Partners.** Herausgegeben von Dieter Birk, München, Beck: 2008, S. 295–312.

80. **Grundfragen und aktuelle Probleme des Beweisrechts aus deutscher Sicht.**
In: **ZZP** 121 (2008), S. 139–163.

81. **Was heißt Wirtschaftsanwalt und zu welchem Ende studiert man Wirtschaftsrecht?**
In: **200 Jahre Wirtschaftsanwälte in Deutschland.** Herausgegeben von Reinhard Pöllath und Ingo Saenger, Baden-Baden: Nomos, 2009, S. 264–269.

82. **Stiftungskörperschaften – Anspruch und Wirklichkeit.**
In: Gründen und Stiften. **Festschrift** zum 70. Geburtstag des Jenaer Gründungsdekans und Stiftungsrechtlers **Olaf Werner**. Herausgegeben von Ingo Saenger, Walter Bayer, Elisabeth Koch und Torsten Körber, Baden-Baden: Nomos, 2009, S. 165–178.

83. **Cash-Pooling und Feststellung der Zahlungsunfähigkeit.**
In: **GmbHR** 2010, S. 113–117. Mit Raphael Koch.

84. **Gesellschafterstreitigkeiten im Kapitalgesellschaftsrecht – Zur Perspektive der schiedsgerichtlichen Streitbeilegung.**
In: **DZWIR** 2010, S. 177–183. Mit Daniel Splittgerber.

85. **Unerwünschte Rezeptionen im Prozessrecht?**
In: **Das deutsche Wirtschaftsrecht unter dem Einfluss des US-amerikanischen Rechts.** Herausgegeben von Werner F. Ebke, Siegfried H. Elsing, Bernhard Großfeld und Gunther Kühne. Frankfurt am Main: Recht und Wirtschaft, 2011, S. 145–149.

86. **Aktuelle Entwicklungen im internationalen Kaufrecht (CISG).**
In: Future of Comparative Study in Law: The 60th anniversary of The Institute of Comparative Law in Japan. Edited by the Institute of Comparative Law in Japan. Tokyo: Chuo University Press, 2011 (Series of the Institute of Comparative Law in Japan, Vol. 81), S. 291–313.

87. **Lückenschluss bei der Haftung ehrenamtlich Tätiger: Zum Vorhaben eines Gesetzes zur Förderung ehrenamtlicher Tätigkeit im Verein.**
In: **ZStV** 2011, S. 187–188.
88. **Wandel im Berufsbild: Mittelverwendungskontrolle als anwaltliche Tätigkeit?** Exemplarisches zu Berufsbild und Versicherungsschutz.
In: **AnwBl.** 2012, S. 497–502. Mit Alexander Scheuch.
89. **Nicht aktualisierte Gesellschafterlisten – weiterhin Unklarheit hinsichtlich der Anwendung von § 16 Abs. 1 GmbHG auf „Altfälle".**
In: **DNotZ** 2012, S. 346–356. Mit Johannes Sandhaus.
90. **Die Rolle des Stifters in der Binnenverfassungsstruktur von Stiftungen.**
In: **ZStV** 2012, S. 94–102.
91. **Schluss mit der Vetternwirtschaft!**
In: **JA** 2012, S. 651–657. Mit Alexander Scheuch.
92. **„Nostalgische Pleite"**
In: **JA** 2012, im Erscheinen. Mit Jana Dittmer.
93. **Verfahrensmanagement im Zivilprozess – Gestaltungsmöglichkeiten und Anreize.**
In: BRAK-Mitteilungen 2013, im Erscheinen.
94. **Kollektive Rechtsdurchsetzung.** Im Erscheinen.

V. Veröffentlichungen in englischer Sprache

1. **Recent Developments in European Company and Business Law.**
In: **DLR**, Deakin Law Review (2005) Vol. 10, Number 1, S. 297–318.
2. **Conflicts of Interest of Supervisory Board Members in a German Stock Corporation and the Demand for their Independence** – An Investigation in the Context of the current Corporate Governance Discussion.
In: **CGLR**, The Corporate Governance Law Review (2005) Vol. 1, Number 1, S. 147–189.
3. **The Independence of Supervisory Board Members in a German Stock Corporation** – One Aspect of the current Corporate Governance Discussion.
In: College of Business, Chinese Culture University, Taipei/Republic of China (ed.), The 8th International Conference on Multinational Enterprises: **Management Strategies of Multinational Enterprises**, Proceedings. Vol. 2 (2006), S. 1284–1317. (Auch in chinesischer Sprache).
4. **German Corporate Governance in International and European Context.**
Herausgegeben von Jean J. du Plessis, Bernhard Großfeld, Claus Luttermann, Ingo Saenger und Otto Sandrock. Berlin: Springer, 2007:
— An Overview of the Corporate Governance Debate in Germany (Chapter 2),

S. 9-36.

— The General Meeting and the Management Board as Company Organs (Chapter 3), S. 37-54.
— The Supervisory Board as Company Organ (Chapter 4), S. 65-110.

Mit Jean J. du Plessis.

5. **Case Management in Germany.**
In: Peter Gottwald (ed.), Litigation in England and Germany - Legal Professional Services, Key Features and Funding, Bielefeld: Gieseking, 2010 (Veröffentlichungen der Wissenschaftlichen Vereinigung für internationales Verfahrensrecht, Band 19), S. 15-37.
6. **German Corporate Governance in International and European Context.**
Herausgegeben von Jean J. du Plessis, Bernhard Großfeld, Claus Luttermann, Ingo Saenger, Otto Sandrock und Matthias Casper. Berlin: Springer, 2nd ed. 2012:
— An Overview of German Business or Enterprise Law and the One-Tier and Two-Tier Board Systems Contrasted (Chapter 1), S. 1-14 (mit Jean J. du Plessis, Bernhard Großfeld und Otto Sandrock).
— An Overview of the Corporate Governance Debate in Germany (Chapter 2), S. 15-54 (mit Jean J. du Plessis).
— The General Meeting and the Management Board as Company Organs (Chapter 3), S. 55-89 (mit Jean J. du Plessis).
— The Supervisory Board as Company Organ (Chapter 4), S. 91-148 (mit Jean J. du Plessis).
7. **Board Diversity: Perspectives from Europe, Australia and South Africa.**
Mit Jean J. du Plessis und Richard Foster.
In: **DLR**, Deakin Law Review, im Erscheinen.

VI. Selbständige Schriften und Aufsätze in japanischer Sprache

1. **doitsu shihô oyobi shôhishahogohô niokeru genzai no hattenjôkyô [Aktuelle Entwicklungen im deutschen Zivil- und Verbraucherschutzrecht].**
In: Meijigakuin Daigaku Hôritsukagaku Kenkyûjo Nenpô (Jahrbuch des Instituts für Rechtswissenschaften an der **Meiji Gakuin Universität** Tokyo), Nr. 17 (2001), S. 5-58. Übersetzt von Kiyoaki Fukuda.
2. **henkan seikyûken no jinsokuna kantetsu [Die eilige Durchsetzung von Herausgabeansprüchen].**
In: Meijigakuin Daigaku Hôritsukagaku Kenkyûjo Nenpô (Jahrbuch des Instituts für Rechtswissenschaften an der **Meiji Gakuin Universität** Tokyo), Nr. 17 (2001), S. 59-68. Übersetzt von Kiyoaki Fukuda.
3. **Die beabsichtigte Reform des deutschen Zivilprozeßrechts.**

In: Hosei Riron – The Journal of Law and Politics (Schriftenreihe der Law and Political Science Association der **Universität Niigata**), Vol. 34 Nr. 1, 2 (2001), S. 123–146. Übersetzt von Seiya Ishizaki.

4. **Ende der Unsicherheiten bei den Globalsicherheiten?**
   In: Ryukoku Hogaku – Ryukoku Law Review (Schriftenreihe der Association of Law and Politics an der **Ryukoku Universität** Kyoto), Vol. 34 Nr. 1 (2001), S. 125–158. Übersetzt von Kazuhiro Noda, 野田和裕.
5. **Ende der Unsicherheiten bei den Globalsicherheiten?**
   In: Tendencies and Problems of European Private Law. Herausgegeben von Hisakazu Matsuoka, Kunihiro Nakata u. a., Tokyo: Nihonhyoronsha, 2003, S. 449–480. Übersetzt von Kazuhiro Noda, 野田和裕.
6. **Aktuelle Fragen des deutschen und europäischen Zivilrechts.**
   Tokyo: 2007 (Series of The Institute of Comparative Law in Japan – Nihon Hikakuho Kenkyujo honyaku sousho, Vol. 54). – IX, 183 S.
   — **Der allgegenwärtige Verbraucher im Bürgerlichen Recht, Zivilprozessrecht, Handels-, Gesellschafts- und Wirtschaftsrecht.**
   — **Das „neue“ Kaufrecht in der Rechtsprechung 2002–2006.**
   — **Das Studium der Rechtswissenschaften in Deutschland.**
   — **Aktuelle Entwicklungen des Europäischen Gesellschafts- und Unternehmensrechts.**
   — **Europäisches Vertragsrecht: Vorstufe zum Europäischen Zivilrecht?**
   Übersetzt von Koresuke Yamauchi und Kenzaburo Kozumi.
7. **Das Internationale Kaufrecht im Allgemeinen und im Besonderen**: Vorzüge der Anwendung des CISG im Auslandsgeschäft und Probleme der Aufrechnung im Anwendungsbereich der Konvention.
   In: Ryukoku Hogaku – Ryukoku Law Review (Schriftenreihe der Association of Law and Politics an der **Ryukoku Universität** Kyoto), Vol. 40 Nr. 1 (2007), S. 146–173. Übersetzt von Kunihiro Nakata und Kazuhiro Noda.
8. **kokusai baibai wo meguru shomondai**
   [Die Aufrechnung im Anwendungsbereich des CISG].
   In: Kawasumi/Nakata/Shiomi/Matsuoka (Hrsg.), Yoroppa shiho no tenkai to kadai [Entwicklungen und Probleme des europäischen Privatrechts], Tokyo: Nippon Hyoronsha, 2008, S. 193 – 220. Übersetzt von Kunihiro Nakata und Kazuhiro Noda.
9. **Chuo Universität** Tokyo, Japan, 2010
   — Europäisches Gesellschaftsrecht: Grenzen der Niederlassungsfreiheit und Entwicklung europäischer Gesellschaftsformen
   — Aktuelle Entwicklungen im internationalen Kaufrecht (CISG)
   — Die Herrschaft der Toten über die Lebenden: Entwicklungen im deutschen

Stiftungsrecht

10. インゴ・ゼンガー, ドイツにおける法曹教育と法曹再教育 (doitsu ni okeru hôsôkyôiku to hôsôsaikyôiku), **[Juristenausbildung und -fortbildung in Deutschland]**. In: 明治学院大学法科大学院ローレビュー (**Meiji Gakuin Daigaku Hôkadaigakuin Law Review**) Vol. 14 (2011), S. 129–142. Übersetzt von Kiyoaki Fukuda.
11. インゴ・ゼンガー, 「ドイツ法曹の再教育と専門化・上――職業担い手の数が常に増加することに対する応答」(doitu hosô no saikyôiku to senmonka, jô – shokugyôninaite no kazu ga tuneni zôkasurukoto ni taisuru ôtô) **[Fortbildung und Spezialisierung deutscher Juristen – Antworten auf eine stetig wachsende Zahl von Berufsträgern – Teil 1]**.
In: The Horitsu Jiho [Juristische Monatsschrift] Vol. 83 Nr. 4 (April 2011), S. 61–66. Übersetzt von Kiyoaki Fukuda.
12. インゴ・ゼンガー, 「ドイツ法曹の再教育と専門化・下――職業担い手の数が常に増加することに対する応答」(doitu hosô no saikyôiku to senmonka, ge – shokugyôninaite no kazu ga tuneni zôkasurukoto ni taisuru ôtô) **[Fortbildung und Spezialisierung deutscher Juristen – Antworten auf eine stetig wachsende Zahl von Berufsträgern – Teil 2]**.
In: The Horitsu Jiho [Juristische Monatsschrift] Vol. 83 Nr. 5 (Mai 2011), S. 104–110. Übersetzt von Kiyoaki Fukuda.

VII. Aufsatz in chinesischer Sprache

The Independence of Supervisory Board Members in a German Stock Corporation – One Aspect of the current Corporate Governance Discussion.
In: College of Business, Chinese Culture University, Taipei/Republic of China (ed.), The 8th International Conference on Multinational Enterprises: **Management Strategies of Multinational Enterprises**, Proceedings. Vol. 2 (2006), S. 1284–1317. Übersetzt von.

VIII. Aufsatz in italienischer Sprache

I fondamenti della nuova vendita tedesca.
In: **Contratto e impresa/Europa** (a cura di F. Galgano/M. Bin). Anno IX - N. 2 (2004), S. 834–859. Übersetzt von Lieselotte Mangels.

IX. Aufsatz in koreanischer Sprache

Der allgegenwärtige Verbraucher im Bürgerlichen Recht, Zivilprozeßrecht, Handels-, Gesellschafts- und Wirtschaftsrecht.

In: **Korea Law Review**, Vol. 46 (2006), S. 277-304. Übersetzt von Kim, Kyu-Wan.

X. Aufsatz in lettischer Sprache

Eiropas sabiedrību tiesību un komerciālo uzņēmumu tiesību jaunākās attīstības tendences.
In: Tiesību harmonizācija Batijas jūras regiona 20.-21. gs. mijā. Latvijas Universitātes. Riga 2006. S. 24-35.

XI. Aufsatz in türkischer Sprache

Kollektive Rechtsdurchsetzung. Im Erscheinen.

XII. Urteilsanmerkungen

1. Anmerkung zum Urteil des **Thüringer OLG** vom 19. 1. 1994-4 U 95/93
(zur Verfügungsbefugnis der Rechtsträger volkseigenen Grundvermögens und zur Funktionsnachfolge).
In: **OLG-NL** 1994, S. 64-67.
2. Anmerkung zum Urteil des **BVerwG** vom 19. 1. 1995 – 7 C 62. 93
(zur Zuführung ehemaligen Stasi-Vermögens zu neuen sozialen oder öffentlichen Zwecken).
In: **DZWir** 1995, S. 378-381.
3. Anmerkung zum Urteil des **OLG Oldenburg** vom 17. 4. 1997 – 1 U 90/96
(zur Darlehensforderung als Sacheinlage bei der AG).
In: **EWiR** 1997, S. 633-634.
4. Anmerkung zum Urteil des **OLG München** vom 26. 4. 1996 – 23 U 4586/95
(zur Beschlußfassung der Hauptversammlung der AG in Geschäftsführungsangelegenheiten).
In: **EWiR** 1997, S. 1109-1110.
5. Anmerkung zum Beschluß des **OVG Brandenburg** vom 12. 8. 1998 – 4 B 31/98
(zu den Voraussetzungen der Haftung eines OHG-Gesellschafters für öffentlich-rechtliche Geldforderungen).
In: **EWiR** 1998, S. 1037-1038.
6. Anmerkung zum Urteil des **BGH** vom 30. 4. 1998 – IX ZR 150/97
(zur Haftung des Notarvertreters).
In: **JZ** 1999, S. 103-104.
7. Anmerkung zum Urteil des **LG Dresden** vom 14. 9. 1998 – 8 O 0195/98

(zur Haftung bei der fehlgeschlagenen und fortgeführten Vor-GmbH).
In: **EWiR** 1999, S. 171–172.

8. Anmerkung zum Urteil des **BGH** vom 18. 11. 1999 – IX ZR 402/97
(zur Amtspflicht des Notars bei Beurkundung und Vollzug der Satzungsänderung einer GmbH).
In: **WuB** IV A. § 181 BGB 1.00.
9. Anmerkung zum Urteil des **BGH** vom 22. 12. 1999 – VIII ZR 299/98
(zur Ablieferung beim Softwarekauf).
In: **EWiR** 2000, S. 341–342.
10. Anmerkung zum Urteil des **EuGH** vom 16. 3. 1999 – C–159/97
— Trasporti Castelletti Spedizioni Internazionali/Hugo Trumpy (zur Gerichtsstandsvereinbarung nach EuGVÜ in international handelsgebräuchlicher Form).
In: **ZEuP** 2000, S. 656–674.
11. Anmerkung zum Urteil des **BGH** vom 29. 5. 2000 – II ZR 118/98
(zum Rückzahlungsanspruch wegen Verstoßes gegen den Grundsatz der Kapitalerhaltung nach § 31 Abs. 1 GmbHG bei späterer Wiederherstellung des Stammkapitals).
In: **WuB** II C. § 31 GmbHG 1.00.
12. Anmerkung zu den Urteilen des **BGH** vom 2. 5. 2000 – XI ZR 108/98 und 150/99
(zum Widerruf nach dem HausTWG bei Einschaltung eines Abschlußvertreters).
In: **WuB** IV D. § 1 HWiG 5.00.
13. Anmerkung zum Urteil des **BGH** vom 20. 6. 2000 – IX ZR 434/98
(zum Schutzzweck der notariellen Pflicht zur Unterlassung unwirksamer Beurkundungen).
In: **WuB** VIII A. § 14 BNotO 2.00.
14. Anmerkung zum Beschluß des **BGH** vom 11. 9. 2000 – II ZB 21/99
(zur Unzulässigkeit der außerordentliche Beschwerde gegen den Berichtigungsbeschluß des OLG im Spruchstellenverfahren nach § 306 AktG).
In: **EWiR** 2001, S. 51–52.
15. Anmerkung zum Beschluß des **BGH** vom 9. 11. 2000 – III ZR 314/99
(zur Abgrenzung von Amtshaftung und persönlicher Vertragshaftung für Pflichtverletzungen des Gerichtsvollziehers bei der Sequestration).
In: **WuB** IV A. § 839 BGB 1.01.
16. Anmerkung zum Urteil des **VG Magdeburg** vom 22. 2. 2001 – 3 A 255/99 MD
(zum Übergang von öffentlich-rechtlichen Verpflichtungen aus der Beteiligung an einer Gesellschaft bürgerlichen Rechts auf die Erben des Gesellschafters).
In: **EWiR** 2001, S. 417–418.
17. Anmerkung zum Urteil des **BGH** vom 24. 4. 2001 – XI ZR 40/00

(zur Vollmacht beim Abschluß von Verbraucherkreditverträgen).
In: **EWiR** 2001, S. 563–564.

18. Anmerkung zum Urteil des **BGH** vom 15. 1. 2001 – II ZR 48/99
(zur Einforderung von Beiträgen im Wege der actio pro socio und zum Streitgegenstand des Anspruchs wegen Verschuldens bei Vertragsschluß).
In: **WuB** VII A. § 296 ZPO 1.01.
19. Anmerkung zum Urteil des **BGH** vom 4. 4. 2001 – VIII ZR 32/00
(zu Aufklärungs- und Sorgfaltspflichten des Verkäufers bei Verhandlungen über den Kauf eines Unternehmens oder von GmbH-Geschäftsanteilen).
In: **WuB** IV A. § 276 BGB 3.01. Mit Dorothee Erttmann.
20. Anmerkung zum Urteil des **BGH** vom 10. 7. 2001 – XI ZR 198/00
(zur Vollmacht beim Abschluß von Verbraucherkreditverträgen).
In: **EWiR** 2001, S. 897–898. Mit Rainer Bertram.
21. Anmerkung zum Urteil des **BGH** vom 23. 10. 2001 – XI ZR 63/01
(zur Verbrauchereigenschaft einer Gesellschaft bürgerlichen Rechts).
In: **EWiR** 2002, S. 93–94. Mit Rainer Bertram.
22. Anmerkung zum Beschluß des **BGH** vom 13. 11. 2001 – XI ZR 122/01
(zur Unterscheidung des freiwilligen Angebots nach Art. 15 des Übernahmekodex der Börsensachverständigenkommission von dem gesetzlich vorgeschriebenen Angebot einer Barabfindung nach § 320 b AktG).
In: **LM** H. 3/2002 § 320 b AktG 1965 Nr. 2.
23. Anmerkung zum Urteil des **BGH** vom 18. 12. 2001 – XI ZR 156/01
(zur Anwendbarkeit von § 492 Abs. 1 S. 5 Nr. 2 BGB auf Festdarlehen mit Tilgungsaussetzung).
In: **EWiR** 2002, S. 237–238. Mit Rainer Bertram.
24. Anmerkung zum Urteil des **LG Dresden** vom 16. 11. 2001 – 8-S-0033/01 (zur Haftung bei der fehlgeschlagenen und fortgeführten Vor-GmbH).
In: **EWiR** 2002, S. 285 – 286.
25. Anmerkung zum Urteil des **BGH** vom 28. 11. 2001 – VIII ZR 37/01
(zur Erfüllung der Aufklärungspflichten des Veräußerers beim Unternehmenskauf).
In: **WuB** IV A. § 276 BGB 1.02. Mit Ralf Bergjan.
26. Anmerkung zum Urteil des **BGH** vom 17. 12. 2001 – II ZR 27/01
(zur gerichtlichen Überprüfung des Beschlusses zur Feststellung des Jahresabschlusses einer KG).
In: **LM** H. 8/2002 § 109 HGB Nr. 23.
27. Anmerkung zum Urteil des **BGH** vom 12. 11. 2001 – II ZR 225/99
(zur Beschlußfassung aufgrund von Beschlußvorschlägen des unvorschriftsmäßig besetzten Vorstands/„Sachsenmilch III“).

In: **EWiR** 2002, S. 885 – 886. Mit Ralf Bergjan.

28. Anmerkung zum Urteil des **BGH** vom 1. 7. 2002 – II ZR 380/00
(zur Rechtsfähigkeit einer ausländischen Gesellschaft, die ihren Verwaltungssitz nach Deutschland verlegt hat).
In: **BGHReport** 2002, S. 984–985.
29. Anmerkung zum Urteil des **BGH** vom 16. 9. 2002 – II ZR 1/00
(zum Umgehungsverbot bei Verrechnung der Einlageschuld mit einer Forderung des GmbH-Gesellschafters im Wege des Ausschüttungs-Rückhol-Verfahrens).
In: **EWiR** 2003, S. 63 – 64. Mit Matthias Scharf.
30. Anmerkung zum Urteil des **Thüringer OLG** vom 21. 12. 1999 – 5 U 18/99
(zur Abberufung des Organmitglieds [Beirat] einer Stiftung).
In: **ZSt** 2003, S. 24–27.
31. Anmerkung zu dem Urteil des **LG Nürnberg-Fürth** vom 12. 11. 2002 – 11 O 6105/01
(zu den Voraussetzungen für dize Annahme eines drohenden Verlustes bei verpfändeten Aktien und zum Schadensersatzanspruch wegen rechtswidriger Veräußerung einer Pfandsache).
In: **EWiR** 2003, S. 321–322. Mit Ralf Bergjan.
32. Anmerkung zum Urteil des **BGH** vom 19. 3. 2003 – VIII ZR 295/01
(zum Aussschluß des Widerrufs eines Fernabsatzvertrages wegen Anfertigung der Ware nach Kundenspezifikation).
In: **BGHReport** 2003, S. 582–583.
33. Anmerkung zum Urteil des **BGH** vom 13. 3. 2003 – I ZR 290/00
(zum fehlenden Widerrufsrecht des Verbrauchers beim Abschluß eines Pay-TV-Abonnementvertrages).
In: **BGHReport** 2003, S. 715–716.
34. Anmerkung zu den Urteilen des **OLG Rostock** vom 10. 10. 2001 und vom 25. 9. 2002 – 6 U 126/00
(zur stillschweigenden Vereinbarung des Listenpreises sowie zur Rügepflicht bei offener Zuviellieferung unter Geltung des CISG).
In: **AW-Prax** 2003, S. 274–275.
35. Anmerkung zu dem Urteil des **LG München I** vom 5. 4. 2002 – 5 HKO 2178/01
(zum Kreis der nach § 287 Abs. 3 AktG von der Mitgliedschaft im Aufsichtsrat der KGaA ausgeschlossenen Personen).
In: **EWiR** 2003, S. 1167–1168. Mit Alexander Kessler.
36. Anmerkung zum Beschluß des **BGH** vom 16. 9. 2003 – XI ZR 238/02
(zu den Voraussetzungen der Revisionszulassung nach § 543 Abs. 2 ZPO).
In: **WuB** VII A. § 543 ZPO 2.04.
37. Anmerkung zum Urteil des **BGH** vom 5. 2. 2004 – I ZR 90/01

(zum fehlenden Schriftformerfordernis bei Bagatell-Ratenlieferungsverträgen – Zeitschriftenabonnement im Internet).
In: **BGHReport** 2004, S. 714 – 715.

38. Anmerkung zu den Urteilen des **BGH** vom 14. 6. 2004 – II ZR 393/02, 374/02, 392/01, 395/01 (zum kreditfinanzierten Beitritt zu geschlossenen Immobilenfonds als verbundenes Geschäft i.S.d. VerbrKrG).
In: **BGHReport** 2004, S. 1290–1291. Mit Sebastian Sandhaus.
39. Anmerkung zum Urteil des BGH vom 30. 6. 2004 – VIII ZR 321/03 (zur Beweislast für die Bösgläubigkeit des Käufers nach Art. 40 CISG).
In: **LMK** 2004, S. 201 – 202. Mit Elisabeth Sauthoff.
40. Anmerkung zum Urteil des **BGH** vom 8. 6. 2004 – XI ZR 150/03 (zur Pflicht zur Angabe des Gesamtbetrages bei unechten Abschnittsfinanzierungen).
In: **WuB** I E 2. § 4 VerbrKrG 2.04. Mit Elisabeth Sauthoff.
41. Anmerkung zum Urteil des **BGH** vom 21. 10. 2004 – III ZR 280/03 (zum Vorliegen eines Fernabsatzvertrages beim Einsatz eines Boten – Postident 2-Verfahren).
In: **BGHReport** 2005, S. 3–4.
42. Anmerkung zum Urteil des **BGH** vom 7. 7. 2005 – III ZR 397/04 (zum Nichtbestehen eines Provisionsanspruchs des Kreditvermittlers bei mangels Schriftform nach § 655b Abs. 2 BGB nichtigen Kreditvermittlungsvertrag).
In: **BGHReport** 2005, S. 1299.
43. Anmerkung zum Urteil des **OLG Nürnberg** vom 23. 8. 2005 – 3 U 991/05 F (zur Forderung des Verkäufers auf Erstattung gezogener Nutzungen durch den Käufer hinsichtlich der ursprünglich gelieferten, Mangel behafteten Sache).
In: **EWiR** 2005, S. 819–820. Mit Martin Zurlinden.
44. Anmerkung zum Urteil des **OLG Rostock** vom 5. 7. 2005 – 3 U 191/04 (zum Schriftformerfordernis bei Abschluss eines Finanzierungsleasingvertrages mit einem Verbraucher).
In: **EWiR** 2005, S. 873–874. Mit Martin Zurlinden.
45. Anmerkung zum Urteil des **BGH** vom 6. 12. 2005 – XI ZR 139/05 (zur Nichtigkeit der Kreditvereinbarung gem. § 6 Abs. 1 Alt. 1 VerbrKrG).
In: **BGHReport** 2006, S. 379–380.
46. Anmerkung zum Urteil des **EuGH** vom 17. 1. 2006 – C-1/04 (Staubitz-Schreiber) (zur perpetuatio fori im europäischen Insolvenzrecht).
In: **WuB** VI A. § 4 InsO 1.06. Mit Ulrich Klockenbrink.
47. Anmerkung zum Urteil des **BGH** vom 24. 3. 2006 – V ZR 173/05 (zum Rücktritt trotz Geringfügigkeit der Pflichtverletzung bei Arglist des Schuldners).

In: **BGHReport** 2006, S. 826–827.

48. Anmerkung zum Urteil des **BGH** vom 12. 4. 2007 – VII ZR 122/06 (zum Beginn der Widerrufsfrist beim Haustürgeschäft).
 In: **BGHReport** 2007, S. 640–641.
49. Anmerkung zum Urteil des **BGH** vom 5. 11. 2007 – II ZR 230/06 (zur Beurteilung einer sog. „gespaltenen Beitragspflicht" im Gesellschaftsvertrag eines geschlossenen Immobilienfonds).
 In: **LMK** 2008, 250670.
50. Anmerkung zum Beschluss des **BGH** vom 19. 6. 2007 – XI ZB 40/06 (zur Säumnis der Rechtsmittelbegründungsfrist wegen zuvor stattfindenden Prozesskostenhilfeverfahrens).
 In: **ZZP** 121 (2008), S. 112–119.
51. Anmerkung zum Beschluss des **BGH** vom 4. 12. 2008 – V ZB 74/08 (zur Grundbuchfähigkeit der Gesellschaft bürgerlichen Rechts).
 In: **LMK** 2009, 278043.
52. Anmerkung zum Urteil des **BGH** vom 9. 12. 2008 – IX ZR 513/07 (zur Unternehmereigenschaft des Darlehensgebers bei Kreditvergabe gelegentlich der gewerblichen Tätigkeit).
 In: **WuB** I E 2. § 491 BGB 1.09. Mit Jennifer Oxe.
53. Anmerkung zum Urteil des **BGH** vom 9. 12. 2008 – XI ZR 513/07 (zur Darlehensgebereigenschaft im Sinne von § 491 Abs. 1 BGB von Unternehmern, deren unternehmerische Tätigkeit sich nicht auf die Kreditvergabe bezieht).
 In: **JR** 2010, S. 113–114.
54. Anmerkung zum Urteil des **BGH** vom 5. 4. 2011 – XI ZR 201/09 (zur Verjährungshemmung von vor dem 1. 1. 2002 entstandenen Ansprüchen aus einem Verbraucherdarlehensvertrag).
 In: **EWiR** 2011, S. 373–374.
55. Anmerkung zum Urteil des **OLG Frankfurt a.M.** vom 28. 11. 2011 – 21 U 23/11 (zur örtlichen Zuständigkeit eines deutschen Gerichts für die Klage eines Kapitalanlegers gegen eine Rating-Agentur aufgrund des Gerichtsstands des Vermögens nach § 23 ZPO).
 In: **WuB** VII A. § 23 ZPO 1.12.
56. Der Stifter und die lieben Erben... – Anmerkung zum Urteil des **BGH** vom 29. 11. 2011 – II ZR 306/09 (zum Vollzug der unentgeltlichen Zuwendung einer durch Abschluss eines Gesellschaftsvertrags entstehenden Unterbeteiligung, mit der dem Unterbeteiligten auch mitgliedschaftliche Rechte in der Unterbeteiligungsgesellschaft eingeräumt werden).
 In: **ZStV** 2012, S. 61–62.

XIII. Rezensionen

1. Buchbesprechung: **Wohlleben**, Hermann Peter: Informationsrechte des Gesellschafters. Köln u. a. 1989 (Abhandlungen zum deutschen und europäischen Handels- und Wirtschaftsrecht AHW; 65).
   In: **KTS** 1995, S. 131–136.
2. Buchbesprechung: **Binge**, Christoph: Gesellschafterklagen gegen Maßnahmen der Geschäftsführer in der GmbH. Köln u. a. 1994 (Abhandlungen zum deutschen und europäischen Handels- und Wirtschaftsrecht AHW; 88).
   In: **KTS** 1995, S. 136–141.
3. Buchbesprechung: **Lipp**, Volker: Das private Wissen des Richters. Zur Unparteilichkeit des Richters im Prozeß. Heidelberg 1995 (Mannheimer rechtswissenschaftliche Abhandlungen; 18).
   In: **ZZP** 110 (1997), S. 244–248.
4. Buchbesprechung: **Lakkis**, Panajotta: Der kollektive Rechtsschutz der Verbraucher in der Europäischen Union – dargestellt an der Verbandsklage der Verbraucherverbände nach dem AGBG, dem UWG und dem griechischen Verbraucherschutzgesetz. Bielefeld 1997 (Schriften zum Deutschen und Europäischen Zivil–, Handels– und Prozeßrecht; 172).
   In: **ZZP** 112 (1999), S. 114–116.
5. Buchbesprechung: **Schröder**, Matthias: Schiedsgerichtliche Konfliktbeilegung bei aktienrechtlichen Beschlußmängelklagen. Köln u. a. 1999.
   In: **ZHR** 164 (2000), S. 342–345.
6. Buchbesprechung: **Lackmann**, Rolf: Zwangsvollstreckungsrecht mit Grundzügen des Insolvenzrechts. Eine Einführung in Recht und Praxis. 4. Aufl., München 1998.
   In: **NZI** 2000, S. 305.
7. Buchbesprechung: **Honold**, Barbara: Die Pfändung des Arbeitseinkommens. Eine rechtsvergleichende Untersuchung. Bielefeld 1998.
   In: **ZZP** 113 (2000), S. 373–377.
8. Buchbesprechung: **Zöller**, Zivilprozeßordnung. Kommentar. 22. Aufl., Köln 2001.
   In: **WM** 2001, S. 1395–1396.
9. Buchbesprechung: **Härting**, Niko: Fernabsatzgesetz. Kurzkommentar. Köln 2001.
   In: *WM* 2001, S. 2027–2028.
10. Buchbesprechung: **Hackenberg**, Ulf: Der Erfüllungsort von Leistungspflichten unter Berücksichtigung des Wirkungsortes von Erklärungen im UN-Kaufrecht und der Gerichtsstand des Erfüllungsortes im deutschen und europäischen Zivilprozeßrecht. Hamburg 2000.

In: **ZZP** 115 (2002), S. 267–269.

11. Buchbesprechung: **Rugullis**, Sven: Litispendenz im Europäischen Insolvenzrecht. Köln u. a. 2002 (Schriften zum Insolvenzrecht; 14).
    In: **ZZP** 116 (2003), S. 522–523.
12. Buchbesprechung: **Graf**, Ulrike: Die Anerkennung ausländischer Insolvenzentscheidungen. Tübingen 2003 (Studien zum ausländischen und internationalen Privatrecht; 113).
    In: **RabelsZ** 69 (2005), S. 394–399.
13. Buchbesprechung: **Schlüter**, Andreas: Stiftungsrecht zwischen Privatautonomie und Gemeinwohlbindung. Ein Rechtsvergleich Deutschland, Frankreich, Italien, England, USA. München 2004 (Schriften des Rechtszentrums für Europäische und Internationale Zusammenarbeit [R.I.Z.]; 21).
    In: **RabelsZ** 70 (2006), S. 640–646.
14. Buchbesprechung: **Dornseifer**, Frank (ed.): Corporate Business Forms in Europe. A Compendium of Public and Private Limited Companies in Europe. München 2005.
    In: European Review of Private Law (**ERPL**) 2007, S. 175–177.
15. Buchbesprechung: **Busse**, Felix: Deutsche Anwälte. Geschichte der deutschen Anwaltschaft 1945–2009. Entwicklungen in West und Ost. Bonn 2009 und Berlin 2010.
    In: **JZ** 2010, S. 610.
16. Buchbesprechung: **Kraakman**, Reinier/**Armour**, John/**Davies**, Paul/**Enriques**, Luca/**Hansmann**, Henry B./**Hertig**, Gerard/**Hopt**, Klaus J./**Kanda**, Hideki/**Rock**, Edward B.: The Anatomy of Corporate Law. A Comparative and Functional Approach. 2nd ed., Oxford 2009.
    In: **WM** 2010, S. 1575–1576.
17. Buchbesprechung: **Redenius-Hoevermann**, Julia: La responsabilité des dirigeants dans les sociétés anonymes en droit français et droit allemand. Paris 2010 (Bibliothèque de droit privé; 517).
    In: **RIW** 2011, Heft 3, S. IV–V.
18. Buchbesprechung: **Wigge**, Peter/**von Leoprechting**, Gunter (Hrsg.): Handbuch Medizinische Versorgungszentren. Rechtliche Grundlagen – Unternehmensgründung – wirtschaftliche Rahmenbedingungen. Stuttgart 2011.
    In: **Das Krankenhaus** 2011, S. 697.
19. Buchbesprechung: **Melzer**, Martin: Das österreichische Privatstiftungsrecht und das neue liechtensteinische Stiftungsrecht im Vergleich. Wien u. a. 2010.
    In: **ZStV** 2011, S. 233–234.
20. Buchbesprechung: **Spohnheimer**, Frank: Gestaltungsfreiheit bei antezipiertem Legalanerkenntnis des Schiedsspruchs. Tübingen 2010.

In: **ZZP** 125 (2012), S. 259-262.

21. Buchbesprechung: **Seibt**, Christoph H. (Hrsg.): Beck'sches Formularbuch Mergers & Acquisitions. 2. Aufl., München 2011.
In: WM 2012, 2012, S. 2075-2076.

XIV. Herausgeber- und Mitherausgeberschaft

—Kommentare—

1. **Hk-ZPO**. Zivilprozessordnung. Handkommentar.
Baden-Baden: Nomos, 1. Aufl. 2005.
2. **Hk-ZPO**. Zivilprozessordnung. Handkommentar.
Baden-Baden: Nomos, 2. Aufl. 2007.
3. **Hk-ZPO**. Zivilprozessordnung. Handkommentar.
Baden-Baden: Nomos, 3. Aufl. 2009.
4. **Hk-GmbHG**. Gesetz betreffend die Gesellschaften mit beschränkter Haftung.
Handkommentar. Baden-Baden: Nomos, 1. Aufl. 2011. Mit Michael Inhester.
5. **Hk-ZPO**. Zivilprozessordnung – FamFG – Europäisches Verfahrensrecht.
Handkommentar. Baden-Baden: Nomos, 4. Aufl. 2011.
6. **Hk-ZPO**. Zivilprozessordnung – FamFG – Europäisches Verfahrensrecht.
Handkommentar. Baden-Baden: Nomos, 5. Aufl. 2013.

—Handbücher—

1. **German Corporate Governance in International and European Context.**
Berlin: Springer 2007. Mit Jean J. du Plessis, Bernhard Großfeld, Claus Luttermann und Otto Sandrock.
2. **Handels- und Gesellschaftsrecht**. Praxishandbuch.
Baden-Baden: Nomos 2008. Mit Lutz Aderhold, Karlheinz Lenkaitis und Gerhard Speckmann.
3. **Die Stiftung, Recht, Steuern, Wirtschaft**. Stiftungsrecht.
Berlin: Berliner Wissenschaftsverlag 2008. Mit Olaf Werner.
4. **Zivilprozessordnung**. Kommentiertes Prozessformularbuch.
Baden-Baden: Nomos 2009. Mit Christoph Ullrich und Oliver Siebert.
5. **Zwangsvollstreckung**. Kommentiertes Prozessformularbuch.
Baden-Baden: Nomos 2010. Mit Christoph Ullrich und Oliver Siebert.
6. **Handels- und Gesellschaftsrecht**. Praxishandbuch.
Baden-Baden: Nomos, 2. Aufl. 2011. Mit Lutz Aderhold, Karlheinz Lenkaitis und Gerhard Speckmann.
7. **German Corporate Governance in International and European Context.**
Berlin: Springer, 2nd ed. 2012. Mit Jean J. du Plessis, Bernhard Großfeld, Claus

Luttermann, Otto Sandrock und Matthias Casper.

8. **Zivilprozessordnung**. Kommentiertes Prozessformularbuch. Mit Familienverfahren und ZVG.
   Baden-Baden: Nomos, 2. Aufl. 2012. Mit Christoph Ullrich und Oliver Siebert.
9. **Zwangsvollstreckung**. Kommentiertes Prozessformularbuch.
   Baden-Baden: Nomos, 2. Aufl. 2013. Mit Christoph Ullrich und Oliver Siebert.

—Sammelbände—

1. **Brücken für die Rechtsvergleichung.**
   Festschrift für Hans G. Leser zum 70. Geburtstag.
   Tübingen: Mohr Siebeck, 1998. Mit Olaf Werner, Peter Häberle, Zentaro Kitagawa.
2. **Der Ausgleichsanspruch des Handelsvertreters**. Beispiel für die Fortentwicklung angeglichenen europäischen Rechts.
   Baden-Baden: Nomos, 2000 (Europäisches Privatrecht. Sektion B: Gemeinsame Rechtsprinzipien, Band 11). Mit Reiner Schulze.
3. **Europäisches Gesellschafts- und Unternehmensrecht.**
   Baden-Baden: Nomos, 2002.
4. **Rechtsvergleichung als zukunftsträchtige Aufgabe.**
   Münster: Lit-Verlag, 2004 (Münsteraner Studien zur Rechtsvergleichung, Band 100). Mit Otto Sandrock, Bernhard Großfeld, Claus Luttermann und Reiner Schulze.
5. **Juristenausbildung als Leidenschaft.**
   Festgabe für Olaf Werner zum 65. Geburtstag.
   Jena: Selbstverlag Michael Hinz, 2004. Mit Jörg Hanna und Elke Roos.
6. **Forum Unternehmenskauf 2004** aus dem Münsteraner M & A-Studiengang (LL. M./EMBA).
   Aachen: Shaker, 2004 (Berliner Schriftenreihe zum Steuer- und Wirtschaftsrecht, Band 12). Mit Dieter Birk und Reinhard Pöllath.
7. **Forum Steuerrecht 2004** aus dem Münsteraner LL. M.-Studiengang.
   Aachen: Shaker, 2005 (Berliner Schriftenreihe zum Steuer- und Wirtschaftsrecht, Band 15). Mit Dieter Birk und Reinhard Pöllath.
8. **Forum Unternehmenskauf 2005**. Aus dem Münsteraner Studiengang „Mergers & Aquisitions". Baden-Baden: Nomos, 2006. Mit Dieter Birk und Reinhard Pöllath.
9. **Forum Steuerrecht 2006** aus dem Münsteraner Studiengang „Steuerwissenschaften". Baden-Baden: Nomos, 2007. Mit Dieter Birk und Reinhard Pöllath.
10. **Forum Unternehmenskauf 2006**. Aus dem Münsteraner Studiengang „Mergers & Aquisitions". Baden-Baden: Nomos, 2007. Mit Dieter Birk und

Reinhard Pöllath.

11. **Forum Unternehmenskauf 2007**. Aus dem Münsteraner Studiengang „Mergers & Aquisitions". Baden-Baden: Nomos, 2008. Mit Dieter Birk und Matthias Bruse.
12. **Forum Steuerrecht 2007**. Aus dem Münsteraner Studiengang „Steuerwissenschaften". Baden-Baden: Nomos, 2008. Mit Dieter Birk und Thomas Töben.
13. **200 Jahre Wirtschaftsanwälte in Deutschland.**
Baden-Baden: Nomos, 2009. Mit Reinhard Pöllath.
14. **Forum Unternehmenskauf 2008**. Aus dem Münsteraner Studiengang „Mergers & Aquisitions". Baden-Baden: Nomos, 2009. Mit Dieter Birk und Matthias Bruse.
15. **Forum Steuerrecht 2008**. Aus dem Münsteraner Studiengang „Steuerwissenschaften". Baden-Baden: Nomos, 2009. Mit Dieter Birk und Thomas Töben.
16. **Gründen und Stiften. Festschrift zum 70. Geburtstag des Jenaer Gründungsdekans und Stiftungsrechtlers Olaf Werner.**
Baden-Baden: Nomos, 2009. Mit Walter Bayer, Elisabeth Koch und Torsten Körber.
17. **Forum Unternehmenskauf 2009**. Aus dem Münsteraner Studiengang „Mergers & Aquisitions". Baden-Baden: Nomos, 2010. Mit Dieter Birk und Matthias Bruse.
18. **Forum Steuerrecht 2009**. Aus dem Münsteraner Studiengang „Steuerwissenschaften". Baden-Baden: Nomos, 2010. Mit Dieter Birk und Thomas Töben.
19. **Forum Unternehmenskauf 2011**. Aus dem Münsteraner Studiengang „Mergers & Aquisitions". Baden-Baden: Nomos, 2011. Mit Dieter Birk und Matthias Bruse.
20. **Forum Steuerrecht 2011**. Aus dem Münsteraner Studiengang „Steuerwissenschaften". Baden-Baden: Nomos, 2011. Mit Dieter Birk und Thomas Töben.
21. **Forum Steuerrecht 2012**. Aus dem Münsteraner Studiengang „Steuerwissenschaften". Baden-Baden: Nomos, 2012. Mit Joachim Englisch und Thomas Töben.
22. **Forum Mergers & Acquisitions 2012**. Beiträge aus rechts- und wirtschaftswissenschaftlicher Sicht. Wiesbaden: Springer Gabler, 2012. Mit Gerhard Schewe.

—Reihen—

Münsteraner Studien zur Rechtsvergleichung.
Münster: LIT Verlag. Mit Otto Sandrock, Bernhard Großfeld, Claus Luttermann, Reiner Schulze (seit 2002).

Berliner Schriftenreihe zum Steuer- und Wirtschaftsrecht.
Aachen: Shaker. Mit Dieter Birk, Reinhard Pöllath (seit 2002).

Schriftenreihe zum europäischen, internationalen und vergleichenden Unternehmensrecht.
Baden-Baden: Nomos. Mit Ulrich Ehricke und Christoph Seibt (seit 2005).
Schriften zum Vereins- und Stiftungswesen.
Baden-Baden: Nomos. Mit Klaus Vieweg und Olaf Werner (seit 2009)
—Zeitschriften—
Zeitschrift zum Stiftungswesen (ZSt).
Berlin: Berliner Wissenschafts-Verlag. Mit Olaf Werner u. a. (2003–2009).
Zeitschrift für Stiftungs- und Vereinswesen (ZStV).
Baden-Baden: Nomos. Mit Olaf Werner u. a. (seit 2010).
Internationales Handelsrecht (IHR).
Zeitschrift für das Recht des internationalen Warenkaufs und des -vertriebs.
München: Sellier. European Law Publishers. Mit Rolf Herber u. a. (seit 2005).
Contratto e impresa/Europa.
Padua: Cedam. Mitglied der deutschen Redaktion (seit 2006).

—Internet-Publikationen—
beck-online fachdienst mergers & acquisitions. Aktuelle Informationen zu M & A.
Mitglied des wissenschaftlichen Beirats (2007–2009).

XV. Online-Publikationen

1. Online-Lektionen **Gesellschaftsrecht**, Basiswissen – Übungsfall – Lernfragen – Aktuelles, UniRep online, eLearning für Jurastudierende der Universität Münster, www.unirep-online.de, 2011.
2. Online-Lektionen **Handelsrecht**, Basiswissen – Übungsfall – Lernfragen – Aktuelles, UniRep online, eLearning für Jurastudierende der Universität Münster, www.unirep-online.de, 2011.

XVI. Sonstiges

1. Glückwunsch: **Hans G. Leser** 70 Jahre.
   In: **JZ** 1998, S. 1162.
2. Editorial: **Stiftung ohne Grenzen.**
   In: **ZSt** 2004, S. 2.
3. Editorial: **Stiftungen im Europa der 25.**
   In: **ZSt** 2004, S. 226.
4. **Schwerpunktbereich Rechtsgestaltung und Streitbeilegung.**
   In: Ad Legendum 2005, S. 115–116.
5. **Editorial.**

In: **ZSt** 2006, S. 146.

6. **Praxisausbildung an der Münsteraner Fakultät.**
   In: **Ad Legendum** 2007, S. 134–135.
7. Glückwunsch für **Hans G. Leser** zum 80. Geburtstag.
   In: **NJW** 2008, Heft 48, S. XVI.
8. Special Insolvenzrecht: **Fusionen finden immer statt.**
   In: **staufenbiel Jura** 2009/10, S. 18–19.
9. Editorial: **Stiftung hat Zukunft.**
   In: **ZStV** 2010, Heft 1, S. I.
10. **Im Blickpunkt: Masterstudiengang „Wirtschaftsrecht & Restrukturierung“** an der Westfälischen Wilhelms-Universität Münster.
    In: **BB** 2011, Heft 11, S. VI.
11. **Das aktuelle Stichwort:**
    Post M&A und Arbitration – Die Weichen werden bei Vertragsschluss gestellt.
    In: M&A Review 2012, S. V.

編訳者紹介

山《やま》内《うち》惟《これ》介《すけ》（Koresuke Yamauchi）

中央大学法学部教授（国際私法・比較法専攻）。1946年生。中央大学大学院法学研究科修士課程修了。『国際公序法の研究』（中央大学出版部，2001年）により法学博士号取得。東京大学法学部助手，中央大学法学部専任講師および助教授を経て，1984年４月より現職。2007年３月23日，Alexander von Humboldt Stiftung の Forschungspreis（Reimer Lüst-Preis für internationale Wissenschafts- und Kulturvermittlung）受賞。2012年11月２日，Westfälische Wilhelms-Universität Münster より Ehrendoktorwürde 授与。主著：『国際会社法研究　第一巻』（中央大学出版部，2003年），『比較法研究　第一巻』（中央大学出版部，2011年），『21世紀国際私法の課題』（信山社，2012年），『Japanisches Recht im Vergleich』（中央大学出版部，2012年）。訳書：グロスフェルト著『国際企業法』（中央大学出版部，1989年），グロスフェルト著『比較法文化論』（浅利朋香氏と共訳）（中央大学出版部，2004年），など。

鈴《すず》木《き》博《ひろ》人《ひと》（Hirohito Suzuki）

中央大学法学部教授（家族法専攻）。1957年生。中央大学大学院法学研究科博士課程後期課程単位取得退学。茨城大学教養部，同大学人文学部社会科学科助教授を経て，2002年より現職。主著：「福祉制度としての養子制度」法学新報104巻８・９号（1998年），『養子と里親』（養子と里親を考える会編　日本加除出版　2001年），「親子関係における匿名性の問題」（Future of Comparative Study in Law 中央大学出版部　2011年），『養子縁組あっせん　立法試案の解説と資料』（奥田安弘氏らと共著　日本加除出版　2012年），「他児養育制度としての里親制度の特色」法学新報119巻５・６号（2012年），など。

ゼンガー教授講演集Ⅱ
ドイツ・ヨーロッパ・国際経済法論集
日本比較法研究所翻訳叢書（65）

2013年３月１日　初版第１刷発行

編訳者　山 内 惟 介
　　　　鈴 木 博 人
発行者　遠 山　　暁

発行所　中 央 大 学 出 版 部
〒 192-0393
東京都八王子市東中野742-1
電話042(674)2351・FAX042(674)2354
http://www2.chuo-u.ac.jp/up/

ISBN　978-4-8057-0366-3　藤原印刷

日本比較法研究所翻訳叢書

0	杉山直治郎 訳	仏蘭西法諺	B6判（品切）
1	F・H・ローソン 小堀憲助 他訳	イギリス法の合理性	A5判 一二六〇円
2	B・N・カドーゾ 守屋善輝 訳	法の成長	B5判（品切）
3	B・N・カドーゾ 守屋善輝 訳	司法過程の性質	B6判（品切）
4	B・N・カドーゾ 守屋善輝 訳	法律学上の矛盾対立	B6判 七三五円
5	P・ヴィノグラドフ 矢田一男 他訳	中世ヨーロッパにおけるローマ法	A5判（品切）
6	R・E・メガリ 金子文六 他訳	イギリスの弁護士・裁判官	A5判 一二六〇円
7	K・ラーレンツ 神田博司 他訳	行為基礎と契約の履行	A5判（品切）
8	F・H・ローソン 小堀憲助 他訳	英米法とヨーロッパ大陸法	A5判（品切）
9	I・ジェニングス 柳沢義男 他訳	イギリス地方行政法原理	A5判（品切）
10	守屋善輝 編	英米法諺	B6判 三一五〇円
11	G・ボーリー他 新井正男 他訳	〔新版〕消費者保護	A5判 二九四〇円
12	A・Z・ヤマニー 真田芳憲 訳	イスラーム法と現代の諸問題	B6判 九四五円
13	ワインスタイン 小島武司 編訳	裁判所規則制定過程の改革	A5判 一五七五円
14	カペレッティ編 小島武司 編訳	裁判・紛争処理の比較研究(上)	A5判 二三一〇円
15	カペレッティ 小島武司 他訳	手続保障の比較法的研究	A5判 一六八〇円
16	J・M・ホールデン 高窪利一 監訳	英国流通証券法史論	A5判 四七二五円
17	ゴールドシュティン 渥美東洋 監訳	控えめな裁判所	A5判 一二六〇円

日本比較法研究所翻訳叢書

18	カペレッティ編 小島武司 編訳	裁判・紛争処理の比較研究(下)	A5判	二七三〇円
19	ドゥローブニク 他編 真田芳憲 他訳	法社会学と比較法	A5判	三一五〇円
20	カペレッティ編 小島・谷口 編訳	正義へのアクセスと福祉国家	A5判	四七二五円
21	P・アーレンス編 小島武司 編訳	西独民事訴訟法の現在	A5判	三〇四五円
22	D・ヘーンリッヒ編 桑田三郎 編訳	西ドイツ比較法学の諸問題	A5判	五〇四〇円
23	P・ギレス編 小島武司 編訳	西独訴訟制度の課題	A5判	四四一〇円
24	M・アサド 真田芳憲 訳	イスラームの国家と統治の原則	A5判	二〇四〇円
25	A・M・プラット 藤本・河合 訳	児童救済運動	A5判	二五四九円
26	M・ローゼンバーグ 小島・大村 編訳	民事司法の展望	A5判	二三四五円
27	B・グロスフェルト 山内惟介 訳	国際企業法の諸相	A5判	四二〇〇円
28	H・U・エーリヒゼン 中西又三 編訳	西ドイツにおける自治団体	A5判	(品切)
29	P・シュロッサー 小島武司 編訳	国際民事訴訟の法理	A5判	(品切)
30	P・シュロッサー他 小島武司 編訳	各国仲裁の法とプラクティス	A5判	一五七五円
31	P・シュロッサー 小島武司 編訳	国際仲裁の法理	A5判	一四七〇円
32	張晋藩 真田芳憲 監修	中国法制史(上)	A5判	(品切)
33	W・M・フライエンフェルス 田村五郎 編訳	ドイツ現代家族法	A5判	(品切)
34	K・F・クロイツァー 山内惟介 監修	国際私法・比較法論集	A5判	三六七五円
35	張晋藩 真田芳憲 監修	中国法制史(下)	A5判	四〇九五円

日本比較法研究所翻訳叢書

36	G・レジェ他 山野目章夫 他訳	フランス私法講演集	A5判 一五七五円
37	G・C・ハザード他 小島武司 編訳	民事司法の国際動向	A5判 一八九〇円
38	オトー・ザンドロック 丸山秀平 編訳	国際契約法の諸問題	A5判 一四七〇円
39	E・シャーマン 大村雅彦 編訳	ADRと民事訴訟	A5判 一三六五円
40	ルイ・ファボルー他 植野妙実子 編訳	フランス公法講演集	A5判 三一五〇円
41	S・ウォーカー 藤本哲也 監訳	民衆司法——アメリカ刑事司法の歴史	A5判 四二〇〇円
42	ウルリッヒ・フーバー他 吉田豊・勢子 訳	ドイツ不法行為法論文集	A5判 七六六五円
43	スティーブン・L・ペパー 住吉博 編訳	道徳を超えたところにある法律家の役割	A5判 四二〇〇円
44	W・マイケル・リースマン他 宮野洋一 他訳	国家の非公然活動と国際法	A5判 三七八〇円
45	ハインツ・D・アスマン 丸山秀平 編訳	ドイツ資本市場法の諸問題	A5判 一九九五円
46	デイヴィド・ルーバン 住吉博 編訳	法律家倫理と良き判断力	A5判 六三〇〇円
47	D・H・ショイイング 石川敏行 監訳	ヨーロッパ法への道	A5判 三一五〇円
48	ヴェルナー・F・エブケ 山内惟介 編訳	経済統合・国際企業法・法の調整	A5判 二八三五円
49	トビアス・ヘルムス 野沢・遠藤 訳	生物学的出自と親子法	A5判 三八八五円
50	ハインリッヒ・デルナー 野沢・山内 編訳	ドイツ民法・国際私法論集	A5判 二四一五円
51	フリッツ・シュルツ 眞田芳憲・森光 訳	ローマ法の原理	A5判 （品切）
52	シュテファン・カーデルバッハ 山内惟介 編訳	国際法・ヨーロッパ公法の現状と課題	A5判 一九九五円
53	ペーター・ギレス 小島武司 編	民事司法システムの将来——憲法化・国際化・電子化	A5判 二七三〇円

日本比較法研究所翻訳叢書

54 インゴ・ゼンガー 古積・山内 編訳 ドイツ・ヨーロッパ民事法の今日的諸問題 A5判 二五二〇円

55 ディルク・エーラース 山内・石川・工藤 編訳 ヨーロッパ・ドイツ行政法の諸問題 A5判 二六二五円

56 コルデュラ・シュトゥンプ 楢崎・山内 編訳 変革期ドイツ私法の基盤的枠組み A5判 三三六〇円

57 ルードルフ・V・イェーリング 眞田・矢澤 訳 法学における冗談と真面目―法学書を読む人へのクリスマスプレゼント A5判 五六七〇円

58 ハロルド・J・バーマン 宮島直機 訳 法と革命 II A5判 七八七五円

59 ロバート・J・ケリー 藤本哲也 監訳 アメリカ合衆国における組織犯罪百科事典 A5判 七七七〇円

60 ハロルド・J・バーマン 宮島直機 訳 法と革命 I A5判 九二四〇円

61 ハンス・D・ヤラス 松原光宏 編 ヤラス教授日本講演録 現代ドイツ・ヨーロッパ基本権論 A5判 二六二五円

62 ヘルムートハインリッヒス他 森勇 監訳 ユダヤ出自のドイツ法律家 A5判 一三六五〇円

63 ヴィンフリート・ハッセマー 堀内捷三 監訳 刑罰はなぜ必要か A5判 三七五〇円

64 ウィリアム・M・サリバン他 柏木昇 他訳 アメリカの法曹教育 A5判 三六〇〇円

＊価格は消費税5％を含みます。